序言

关于男人

　　十多年前，当女性主义作家菲利斯·切斯特的《关于男人》一书首次出版时，我欣喜若狂。我当时想，终于有一位女性主义思想家将揭开这个谜——男人。回想当时，我从来没有和任何人分享过对男人的感觉，不愿意承认我不仅不了解男人，而且还害怕他们。我深信，切斯特凭她一向"毫不留情"的胆识，一定会入木三分地刻画这种恐惧，而且还会条分缕析，深刻剖析：她会将生动逼真的男人形象活脱脱地展示在人们面前。男人将成为我可与之倾诉、协作和值得爱慕的人。但结果她的书令我大失所望。书中搜罗了很多素材，大多是报纸上的零散片段的拼凑，其中多与施暴有关；她几乎没有解释，也没有做任何说明。从那时起，我开始认为女人害怕公开谈论男人，害怕深入探索我们与他们的关系——我们作为女儿、姐妹、祖母、母亲、姨妈、情人、偶尔的伴侣所见证的关系，甚至害怕承认我们的无知，对他们到底有多不了解。我们所不知道的一切都加剧了畏惧和惶恐。当然，仅仅从男人施暴、对妇女和儿童的伤害方面了解男性，恐怕是狭隘、片面和不妥当的。

如今，令我惊讶的是，女性主义的女性倡导者竟然对男人和阳刚之气也噤若寒蝉。在激进女性主义的早期作品中，作者对男人表达的都是厌烦、恼怒甚至是憎恨之情。然而，并没有什么实际行动来化解这些怨恨恼怒，也没有打造一种文化，来缓解这些矛盾，使男女可以和睦地共处于一片蓝天下，并找到二者间的重合点。激进的女性主义允许女性表达对男性的愤怒和仇恨，但不允许谈论父权文化下对男人的情感的深远意义，也不允许我们知道如何在不畏惧剥削和压迫的情况下表达这种爱。

作为为数不多的直言不讳的女性主义思想家之一，女性主义运动倡导者芭芭拉·戴明生前希望为女性营造一个可以公开谈论男性的空间。她明确表达了自己的担忧，即男性屡屡冒犯女性,使女性对男人的感受除了"无可救药"以外,再无其他。她说:"让我感到恐惧的是,越来越多的女性开始觉悟,她们觉得男人完全不可救药。"戴明并不认为男人无力改变,也不认为我们无法摆脱男人的统治,但她确实觉得女人有必要说出对男人的看法:"我相信,我们到达目的地的唯一途径是,当感情在心中升起时,永远不要拒绝面对真相,即使我们希望这不是真相。因此,我们必须承认这样一个事实:我们有时希望自己的父亲、儿子、兄弟、爱人不存在。但与这个真相伴随而来的是另一个真相:这个愿望致使我们坠入痛苦的深渊。"女性的集体力量也无法使大多数男性由衷地接受女性主义思想,这让女权运动的女性积极参与者苦恼不已,但多数女性只是觉得女性主义允许她们对男性视而不见,因而可以漠视男性的需求。

在当代女性主义呼声最为高涨的时候,许多女性坚持认为,她们厌倦了一味无私地协助男人,想把女性置于所有女性主义讨论的中心。像我这样的女性主义者,如果想把男性纳入讨论,通常会被贴上"认同男性"的标签,并因此遭遇冷遇和孤立。因为我们"与敌人同床共枕"。我们是不被信任的女性主义者,因为我们关心男人的命运。我们主张女权,为女权发声,但是我们所主张的女权与父权之间并不存在尊卑高下之分。随着女权运动的开展,事实变得越来越明朗,只有男性积极投身于女性主义运动,男性至上及性别剥削和压迫的现象才会有所收敛,然而,大多数女性对以男性为中心的讨论仍然无法真正感兴趣。

虽然我们需要有更多的女性主义者关注男性，但并没有出现太多由女性写的关于男性的文章。这类型著作的缺乏使我感到，女人不能畅所欲言地谈论男人，我们已完全适应了父权文化的社会，因此对男人的话题保持沉默。而且，不仅仅是沉默，我们还被社会塑造成为严格和严肃的秘密守护者——特别是那些可能揭示男性统治的日常策略，男性权力是如何在我们的私人生活中形成和维持的。事实上，即使是激进的女性主义者把所有的男人都贴上压迫者的标签，把所有的女人都贴上受害者的标签，这也只是一种转移注意力的方式，使人们不再关注男人的现状和我们对此的无知。简单地给他们贴上压迫者的标签并否定他们，意味着我们永远不需要察觉我们在理解和认识上的偏差，也不需要从综合的角度谈论男性。我们没有必要谈论对男人的恐惧如何扭曲了我们的观点，妨碍了我们的理解。憎恨男人只是不认真对待男人和阳刚之气的另一种方式。对熟悉女性主义思想的女性来说，谈论挑战和改变父权制比谈论男人更加容易，谈论我们以往对男人的了解，以及希望男人改变的方式还是有一定难度的。最好只是表达我们希望男人消失，眼见他们一命呜呼。

芭芭拉·戴明在写到她父亲的故去时，滔滔不绝地表达了这种渴望："几年前，那是在乡下的一个周末，他拿着镐头和铲子在院子里干活，收拾出一块地打算改成花园。但他突然心脏病发作，倒在松软的泥土中。我们叫了急救，人们试图救活他，但未能成功。我半跪在他身边，紧紧抱住他的身体。我意识到，这是人生中第一次真正触摸父亲的身体，我怀着满腔的爱和悲痛努力坚持着。我的悲痛一部分是因为父亲生命垂危，另一部分是因为我知道他的死亡会让我解脱，我为这种局面而感到悲哀。这是我难以启齿的悲痛。只有在他死后，我才能自由地触摸他，而不会感到他对我有威胁——这对我来说是很难面对的。我想有很多女人都有过类似的悲恸感。因此，说我们有时希望男人消失的事实是过于简单的，除非我们也说出可能更难面对的事实（当我们试图发现自身的力量，成为独立女性）：这种愿望对我们来说是无法忍受的事实。它让我们无所适从。"作为一个 20 多岁还没有发掘自身力量的年轻女性，我经常希望生命中的男人都消失。我对父亲死亡的渴望始于童年，这是我对他的愤怒和暴力的回应方式。我时常梦见他离开，死去，再离开。

　　死亡可以摆脱"等你父亲回家"的警告所引起的恐惧。父亲的威胁非常强烈，他对我们的掌控非常真实。我躺在小床上，等待听到他暴跳如雷的声音，以及他极富攻击性的命令，我曾想："只要他不在，我们就能活下来。"后来，当我成年时，等待我生命中的男人回家，他是一个温柔的伙伴，但有时也会勃然大怒，我曾想，"也许他会发生意外，也许他再也不能回家，而我将获得自由，安享天年"。很多妇女和儿童可能都在某个时刻希望男人消失，这样他们能过得更好一些。这是男性统治最痛苦的真相，男人在日常生活中以可怕的方式行使权利，很多妇女和儿童在恐惧和无助的状态下战战兢兢，不敢越雷池半步，认为摆脱痛苦的唯一途径、唯一希望就是男人不存在，这些父权制下的家长永远从家庭中消失。受男人支配的妇女和儿童都知道这些男人不愿改变。他们相信，不是支配者的男人无力保护他们，男人是无可救药的。

当我离家上大学时，每次给家里打电话，如果接电话的是父亲，我常常无话可说，我与那个不善倾听、生硬冷漠、铁石心肠的父亲无法交流。我不需要那个父权制的父亲。而女性主义教导我，我可以忘记他、远离他。在远离父亲的同时，我也或多或少地远离了自己。这是一个虚构的女性主义故事，我们女性可以在一个没有男人的世界里发现自己的力量，在这个世界里，我们否认与男人有任何瓜葛。只有我们这样的女性主义者敢说实话，即我们的生活中需要男人，不管我们是否愿意，男人都存在于我们的生活中，我们需要男人来挑战父权制，我们的改变离不开男人的辅助。

虽然女性主义思想使我能够超越父权制设定的界限，但正是对身心健全和自我归属的寻求，使我回到了父亲身边。与父亲的和解始于认识到我向往并需要他的爱——如果得不到他的爱，那么至少可以疗愈他的暴力在我心中造成的伤害。我需要与他交谈，告诉他真实想法，紧紧拥抱他，让他知道他对我多么重要。如今,当我给家里打电话时,我陶醉于父亲的声音,他那碎碎念的南方口音我十分熟悉,仿佛一直在耳边回响。我想永远听到他的声音,我不希望他离去,这个我可以紧紧拥抱的父亲,他接受我的爱,也爱着我。了解他,我就更了解自己。要成为一个成熟的女性,我就需要他,我们相互依存。

这本书是关于我们生活在一个男女共存的世界。审视父权制对男性及其生活的支配,我强烈建议为男性而倡导女性主义,并说明为什么女性主义的思想和行为是如今我们可以真正克服阳刚之气危机的唯一途径。在这些章节中,我重复了许多观点,这样每一章都能单独传达最重要的核心观点。如果没有改变的路线图,男人就无法改变。如果没有人教导男人爱的艺术,他们就没有爱的能力。

男人不愿改变的说法不够准确。许多男人确实害怕改变。诚然,他们甚至还没有意识到父权制使他们无法正确地认识自己,无法接触自己的感情,无法去爱。为了了解爱,男人必须放下支配的意愿,必须选择生而不是死。他们必须愿意改变。

目
录

1

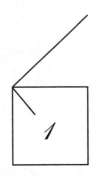

需求:懂爱的男人

　　每个女性都希望得到男性的爱,都想感受到来自父亲、祖父、叔父、兄弟或另一半的情感。我们生活在情感匮乏的文化中,这种文化中的女性拼命地寻求男性之爱。女性的集体饥饿感非常强烈,因而我们时常感到无助。然而我们却不敢对人倾诉,因为担心会遭到嘲笑、怜悯和羞辱——只有说出我们有多么缺爱、多么失落,才能表达出我们对男性之爱的渴望。当代女性主义在 20 世纪 70 年代首次出现时,对男性展开猛烈的抨击,在某种程度上掩盖了女性感到的耻辱,这种耻辱不是因为男性拒绝分享他们的权利,而是因为我们不能诱使、哄劝或吸引男性分享他们的情感,来爱我们。

那些想要拥有男人的权利、憎恨男人的女性主义者（她们绝不是大多数）私下坦陈，她们得不到感情的回应，失去了爱的能力，所以希望能获得补偿。父权制下的男性响应女性主义者的要求，即在工作和生活中谋求更大的平等，他们让出部分权利，主动与女性共享。但大多数男人难以改变的地方（即主观上无法改变）是他们的情感生活。即使是为了得到思想解放的女性的爱和尊重，男人也不愿意将其作为地位平等的伙伴，和女性分一杯羹。

没有人比孩子们（无论女孩或男孩）更渴望得到男性的爱，他们理应得到爸爸的爱。爸爸可能会外出、消失，或者魂不守舍地陪伴在身边，而孩子们渴望得到承认、肯定、尊重和关怀。在美国各地的广告牌上都有这样的信息："每天晚上，无数个孩子在睡梦中幻想得到父亲的关爱。"因为父权制的文化已经教导孩子们，父爱比母爱更弥足珍贵，更有价值，所以母爱不可能弥补父爱的缺失。因此，难怪孩子们长大后会对男人感到愤怒，因为他们被剥夺了那些适当的、有价值的、被视为必要的爱。青年男女有了婚恋生活，在这种关系中，他们尝试发现和了解男性之爱。但这种寻觅很少能够如愿以偿。通常情况下，愤怒、悲伤和失望会导致男女双方关上自己被男性之爱触及和疗愈的通道。然后,他们学会满足于男人所能给予的积极关注,学会高估它的价值,学会假装那是爱。他们学会了隐瞒关于男人和爱的真相,学会了生活在谎言之中。

孩提时代,我渴望得到父亲的爱,希望父亲能关注我,将他的一部分注意力和感情分给我。当无法通过乖巧和讨好吸引他注意时,我会冒着被惩罚的危险,调皮捣蛋搞恶作剧,去吸引他的目光,得到他的关注,去承受他发怒揍我时大手的重量。我渴望那双手能抱住我、庇佑我、保护我,饱含温柔和关怀抚摸我,但我不得不承认一个事实:这将永远不会发生。我 5 岁时就知道,那双手只有在给我带来痛苦时才会承认我,如果我能接受这种痛苦并紧紧抓住它,我就会成为爸爸的女儿,我可以让他为我骄傲。我并不孤单,许多女人都觉得,我们可以表明愿意承受痛苦的意愿,从而赢得男性的爱。我们愿意在生活中肯定拥有真正阳刚之气的男性,因为隐忍、沉默、拒绝就是我们渴望的男性气概。我们学会爱男人多一点,因为他们不爱我们。如果他们敢于爱我们,在父权制的文化看来,他们就不再是真正的“男人”了。

女画家、传记作家杨·沃尔德隆在她饱含深情的回忆录《男人的国度》中，描述了类似的渴望。她承认，"我所渴望的那种父亲，我从未见过，只在一厢情愿的美好想象中出现过"。她将我们渴望的慈爱的父亲与我们拥有的父亲进行对比，表达了对父亲的渴望：

爸爸，在无数个反面教材面前，是一个难以兑现的誓言。他不像妈妈那样日夜为子女操劳，他仿佛只是民谣中的副歌。这是一个发自内心、为生命而战的誓言，而这个誓言源于那持续不断的、显而易见的反面历史，而后续的补救如此乏善可陈，令人痛心。母爱博大深厚而直观：我们抱怨是因为享有太多的母爱。父爱是一种稀缺宝石，有待我们去发掘、打磨和贮藏。由于它的稀缺性，其价值格外弥足珍贵。

我们的文化很少提及对父爱的渴望。

改革派女性主义者对父权的关注非但没有给我们带来关于男人和爱的本质的大智慧，反而强化了这样一种观念，即男性在某种程度上是强大的,他们有着生杀予夺的权力。女性主义读物没有为我们描述男人内心的痛楚。这些读物没有告诉我们,当一个人不能爱的时候,那种可怕的感受会啃噬心灵。那些羡慕男人冷酷无情的女人并不打算告诉我们男性痛苦之深重。因此,在多年之后,才听到有远见的女性主义者的声音,向全世界揭示关于男人和爱的真相。芭芭拉·戴明暗示了这些真相:

我认为男人之所以非常暴力,是因为他们在内心深处知道自己在表演一个谎言,所以对自己被卷入谎言而感到愤怒,但他们不知道如何挣脱……他们愤怒是因为他们在表演谎言——这意味着在他们内心深处,渴望从谎言中挣脱,渴望真相。

我们没有宣布的真相是,男人渴望爱情。这是女性主义思想家必须敢于研究、探索和谈论的渴望。现在,女性不再害怕公开讨论男人、阳刚之气和爱的问题。女性已经与

心胸开阔、坦率真诚的男性相结合，这些男性愿意付出爱，知道男性在父权文化中践行爱的艺术有多么困难。

在某种程度上，我开始写关于爱的书，是因为前男友安东尼和我不断地争吵。我们曾经是彼此的初恋。我们走到一起，希望好好经营爱情，却发现双方在制造冲突。我们决定分手，但即使这样也没有停止争吵。吵的最多的话题与爱的履行有关。像许多男人一样，知道身边的女人希望听他们说出"我爱你"，安东尼也时常在我耳边不断重复"我爱你"。当我要求他将"我爱你"这句话与实际行动联系起来时，他发现自己并没有真正领悟其内涵，并且当有人要求他谈论情感时，他发自内心地感到不安。

像许多男性一样，他在所选择的大多数关系中都不快乐。男性在婚恋关系中的不快乐，男性对爱情失败的伤心，在我们的社会中往往被忽略，正是因为父权制的文化并不在意男性情感是否得到满足。当女性感到痛苦时，那些认为女性应该而且可以在乎情感的观念，使得她们至少可以说出自己的心声，与他人沟通，不管是亲友、疗愈师，还是在飞机或公共汽车上坐在我们身边的陌生人。父权制传统教导男人在情感上应当禁欲，教导他们如果没有感情就更有阳刚之气，但如果他们偶然有了感情，而且感到了伤害，就应当把它们压制下去并且忘记,尽力让它们消失。美国心理学家乔治·温伯格在《为什么男人不承诺》一书中解释说:"大多数男人都在追求完美的女人,因为他们大多觉得两性关系中的问题是无法解决的。当最琐碎的事情出错时,避而不谈似乎比直面问题更容易做到。"男性的伪装是——真正的男人感觉不到痛苦。

现实情况是,男人正在受到伤害,整个文化对他们的回应是:"请不要告诉我们你的感受。"我一直是西尔维亚漫画的粉丝,其中有一幅是两个女人坐在那里,一个看着水晶球,另一个女人说:"他从不谈论他的感受。"而那个能预见未来的女人说:"下午两点,全世界的男人将开始谈论他们的感受——全世界的女人将感到抱歉。"

如果我们不能疗愈那些无形的伤害,通过支持父权制的文化,使男性在社交活动中否认感受,他们就注定要生活在情感麻木的状态中。我们构建了一种文化,在这种文化中,男性的痛苦无声无息,男性的伤害难以名状,无法疗愈。不能认真对待自己痛苦的不仅仅是男人。大多数女性不想面对男性的痛苦,因为它干扰了女性欲望的满足。当女权运动导致男性的解放,包括男性对"感情"的探索时;一些女性嘲笑男性的情感表达,她们的轻蔑和厌恶的态度正如男性至上的男性一样。尽管女性主义者表达了对男人情感的渴望，但当男人努力接纳情感时，没有人真正想奖励他们。在女性主义圈子里，想要改变的男人往往被贴上自恋或软弱的标签。个别谈论感情的男人往往被视为想要出风头，是父权制下的控制者。

我年轻时会去接受配偶疗愈法，我多年的伴侣会谈道，我要求他说出他的感受，但当他这样做时，我就会表现得焦虑不安。他是对的。我难以面对的是，当他感到痛苦或消极的时候，我不想听他的感受，不希望他流露的软弱会使我心目中的强者形象受到严重的挑战。在这里，即便我是一个开明的女性主义者，也不想听男人倾诉他的痛苦，因为这暴露了他情感的脆弱。那么，有理由相信，那些坚持男性至上原则，认为表达感情的男人是软弱的女人，真的不想听男人倾诉，特别是如果他们说的是他们感受不到爱的痛苦。许多女性不能听到男人诉说爱的痛苦，因为这听起来像是对女性失败的控诉。由于男性至上的传统告诉我们，无论是作为母亲、情人还是朋友，爱都是我们的天职；因此如果男人说他们没有得到爱，那应当就是我们的过错，我们就应该受到指责。

父权制只重视男人表达的一种情绪——愤怒，真男子汉会发脾气。而他们的疯狂，无论多么暴力或具有侵略性，都被认为是自然的，是父权制的正面表达。愤怒是任何人掩饰精神苦痛或烦恼的遮盖布。我的父亲性情粗暴。尽管他已年过八旬，但有时仍是如此。我最近打电话回家，他在谈到我和妹妹时说："我非常爱你们两个。"听爸爸提到爱，我很惊讶，我希望能够更深入谈谈，但找不到什么话说。恐惧使我保持沉默，曾经的恐惧是害怕爸爸这个家长，沉默和愤怒的人；现在的恐惧是不想打破这种脆弱的亲情联系。所以我没有问："爸爸，你告诉我，你深爱着我是什么意思？"在《共融：女性对爱的追求》一书，专注于寻找懂爱的男人的章节中，我提出了这样的看法："很多女人都害怕男人，而恐惧就埋下了蔑视和仇恨的种子。它可以掩盖被压抑的、扼杀的愤怒。"恐惧使我们远离情感。然而，女人很少与男人谈论我们有多害怕他们。

我和兄弟姐妹从来没有和爸爸谈过他把我们当作"人质"的那些年——把我们囚禁在他的"父权恐怖主义"的壁垒之中。甚至在我们成年后，我们仍然害怕问他："爸爸，为什么您总是那么暴躁？为什么您不爱我们？"

在写到父亲病逝的那些感人的段落中，女性主义运动倡导者芭芭拉·戴明说出了这种恐惧。当死亡迅速将他从她的身边攫走时，她清楚地看到，恐惧一直使他远离她——他害怕她过于接近，而她也害怕靠近他。恐惧使我们无法接近身边的男人，它使我们无法得到爱。

从前我认为只有女人会畏惧男人。然而，当我开始与男性谈论爱情时，我一次又一次地听到男性恐惧其他男性的故事。的确，感情细腻、懂爱的男人，经常对其他男人隐藏他们的情感意识，因为害怕遭到攻击和羞辱。这是我们大家共同保守的秘密——对束缚我们每个人的父权制中男性的恐惧，我们不能爱所恐惧之人。因此，很多传统规则教导我们，爱无法托付于令人恐惧的事物。

而在父权制的文化中，我们每个人都在为爱男人而竭尽全力，我们可能深切地关注男性，珍惜与我们平生所结识的男人的联系，可能迫切地感到没有他们的存在，没有他们的陪伴，我们就无法生存。在男性面前，我们可能感受到所有这些强烈的感情，但却与之保持父权制规定的距离，不敢越雷池一步，以维持我们所知晓的不能跨越的界限。一些学生阅读了我写的爱情三部曲，一次在给他们上课时，与40位男性研讨爱的话题，我们谈到了怎样做父亲。一位30多岁的黑人男性——勤劳的打工者，幼时在父亲的陪伴下长大，他谈到了他最近为人父的经历，发誓要做一个爱孩子的父亲，但是内心却毫无把握，总担心自己扮演不好这个角色。他担心失败是因为他没有一个好的榜样。他的父亲几乎总是不在家，要么是外出工作，要么就是出去闲逛。如果在家，他最喜欢的互动方式是戏弄、嘲笑儿子，语调饱含讥讽与蔑视，即使一个字也能使人颜面尽失，无地自容，根本谈不上和蔼可亲。这位自述童年经历的男性的故事其实也是我们许多人的遭遇，他谈到想要得到这位硬汉父亲的父爱，但后来明白了自己要放弃对这份爱的期待。人们学会了压制自己的内心呼声，并逐渐淡化乃至遗忘自己的心愿。我问他以及在场的其他男人们：“如果你关闭了你的内心，隔绝了情感意识，那么你知道如何爱你的儿子吗？你是在什么地方、什么时候学会的？”

他告诉我和当时在场的其他人，“我只是考虑我父亲会做什么，然后和他对着干”。大家都笑了。我对这种做法表示赞同，只是补充说，仅仅停留在对抗的层面是不够的，单纯的对抗会导致一种风险，即可能给自己造成心理阴影，这种阴影至今仍然笼罩着你。很多男性身为人子时看不惯父亲的榜样，但是培养出的男孩却完全复制了孩子祖父的样子，这些男孩甚至从未见过他们的祖父，但行为却和他们如出一辙。不过，除了对抗以外，任何男性，不管过去或现在怎样，不管年龄或经历如何，都可以学习如何去爱。

最近几年，我不断外出授课，在此过程中遇到了形形色色的男性，经过对他们的了解，我发现了一个显而易见的真理，即男性想要了解爱，他们想知道如何去爱。而目前能够直截了当、鞭辟入里地解释这一需求的读物，少之又少。我写了一部关于爱的书，还写了一部有关黑人和爱的专著，之后又写了聚焦女性寻觅爱情的专著，我曾想更深入地谈谈男人和爱。在我们的文化中，女性和男性都很少花时间精力鼓励男性学会去爱。即使是那些对男人一肚子怨气的女人，她们中的大多数人都不会，也许永远也不会成为女性主义者，她们以自己的愤怒来避免真正努力去打造一个新世界，在这个世界里所有年龄段的男性都能了解爱。还有一小部分女性主义思想家坚持认为男性为获得福祉已经竭尽全力；她们只关心妇女的集体福利的改善。然而，生活告诉我，任何时候只要有一个男人敢于跨越父权制的界限去爱，男人、女人和儿童的生活就会从根本上得到改善。

在我们的电视屏幕和报纸上，每天都能看到国内外男性暴力事件的发生。当我们听到十几岁的男孩手执凶器，杀死自己的父母、同龄人或陌生人时，一种恐慌感便弥漫了我们的社会。人们希望得到答案，为什么这种情况会发生？

为什么在如今这个和平的时代里，会有这么多男孩杀人？然而，没有人谈论父权制的男子汉概念在教导男孩方面所起的作用，即教导男孩们杀人是他们的天性，并且千万不能改变这种天性，也就是说，不能让他们的阳刚之气没有用武之地。我们的文化让男性做好了随时投入战斗的准备，因此必须向他们灌输父权思想，教唆他们使用暴力，并以此为乐。民生新闻报道的多是暴力事件，在这种背景下，我们听不到关于男性和爱的消息。

只有我们的价值观发生变革，男性暴力才能真正结束，而这种变革必然是基于爱的伦理。为了创造懂爱的男人，我们必须爱男人。爱男人不等于说，因为他们达到了男性至上定义的身份标准而赞扬和褒奖他们。因为男人为我们做了什么而关心他们，与仅仅因为男人的存在而爱他们是不一样的。我们爱男人，不管他们表现如何，我们的爱都能惠及他们。表现与单纯的存在是不同的。父权制的文化不允许男人单纯地做他们自己，并以他们独特的身份为荣，他们的价值总是由所做的事情决定。在反父权制的文化中，男人不必证明他们的价值和实力。从出生起他们就知道，仅仅是存在就赋予他们价值，赋予他们受到珍惜和宠爱的权利。

　　我撰写有关男人和爱的文章，为的是向我生命中出现过的，曾与我一起参与爱的工作的男性表示深深的谢意。我对男性的大部分看法始于童年，年幼的我目睹了我和弟弟受到的不同待遇，用来判断他行为的标准要严厉得多。如果一个男人无法持续地在实际行动上践行自我背叛，他就不能成为合格的父权制继承人。在童年时代，我弟弟像许多男孩一样，只渴望表达自己，他不想循规蹈矩，重蹈许多男性的覆辙。因此，他受到了我们父权制父亲的蔑视和嘲笑。我弟弟小时候在家里表现得非常有爱心，一举一动处处显露出好奇和欣喜。而父权制的思想和行为夺走了他青春期时的情感自由，他学会了掩饰爱的情感。他进入了被认为是青春期男孩"自然"的叛逆和反社会行为的阶段。家中的 6 个姐妹目睹了他的变化，并为我们之间出现的隔阂而感到悲哀。少年时代，他的自尊心受到的伤害在他的一生中挥之不去，因为他一直在努力解决是要诠释真正的自己，还是放任自己被父权制标准所定义的问题。

　　我弟弟为了成为"男孩中的一员"而放弃了他的情感意识和培养情感联系的能力，他拒绝与姐妹们相伴，担心和我们在一起的尊贵待遇会削弱他的阳刚之气。我的外祖父格斯是我童年时代践行爱的理论的男人。他有情感意识,愿意表露自己的内心感受,但同时也为父权制的桎梏所困。与他相濡以沫 60 多年的外祖母总是心满意足地扮演支配者的角色。若论阳刚之气,我外祖父格斯似乎多少缺乏阳刚之气,他是有名的惧内。我记得我们的父权制的父亲瞧不起格斯爸爸,笑话他软弱,并以行动让母亲清楚,他不会被一个女人所控制。面对母亲对外祖父的钦佩,爸爸鄙夷不屑,他将被母亲视为珍宝的这些东西看得一文不值。

那时,妈妈并不知道她有一个爱她的父亲是多么幸运。像许多女性一样,她被浪漫爱情的神话所诱惑,梦想着自己的白马王子应该是身体彪悍、威风凛凛、运筹帷幄、杀伐果断、敢作敢当的男人。她嫁给了她的理想,却最终发现自己嫁的是一个消耗人的、冷酷无情、铁石心肠的父权制男人。她花了 40 多年的时间赞同父权制的性别角色,这些角色告诉她,他应该是控制者,她应该顺从和屈服。如果父权制的男人不暴露本性,他们生活中的另一半可能会始终生活在诱人的神话中,认为她们很幸运,嫁了一个能够养家糊口、顶天立地的真正的男子汉,仁慈的父权者。当这个真正的男人一再粗鲁蛮横,用粗暴的无视来回应关怀和善意时,他的另一半就会改变对他的态度。她可能会开始审视自己对父权制思想的忠诚，可能会大梦初醒，认识到自己辛辛苦苦，换来的是一如既往的虐待，没有领略过爱的滋味。这个觉醒的时刻就是心碎的时刻。在长期的婚姻关系中，伤心的女人很少离开她们的男人。她们学会了从自己的痛苦、抱怨和苦闷中获得一种认同。

在我们整个童年时期，妈妈是爸爸的忠实捍卫者，他是她身披闪亮铠甲的骑士，她的最爱。即使当她开始看清他，看到他的真面目并不是她所仰慕的样子，她仍然教导我们要敬佩，感谢他的存在，感激他的陪伴，他提供的物质保障，以及他的管教。作为一个 50 多岁的女人，她愿意坚持父权制理想的幻象，即使每天面对父权制统治的残酷现实。当孩子们长大离家，只剩下她和丈夫，她希望他们能找到爱的方式的希望很快就破灭了。她被留在家里与她所嫁的那个冷酷无情的、关闭情感大门的家长朝夕相处。经过 50 年的婚姻生活，她不会离开他，但她也不再相信爱情。只是她的心酸得到了表达；她现在说出了，她没有得到过爱，这是她一生的心痛。无独有偶，全世界有很多女人都与男人生活在无爱的状态中，她们的生活充满哀伤与不幸。

在塑造我对爱和渴望的观念上，父母为我提供了最早的启蒙教育。在 20～40 岁的大部分时间里，我都在寻找爱情,与那些高智商的男人相处,但他们在感情方面其实懵懂无知,不能给予别人他们所没有的东西,不能传授给别人他们不了解的东西,他们不知道如何去爱。40多岁的时候,我开始和一个小我很多的男人交往,他受过女性主义思想理论和实践的教诲。他敢于承认自己的精神支离破碎。在孩提时代,他是父权制的受害者。他知道自己的心理出了问题,但他还没有找到一种方式来表述精神匮乏的症结所在。

"内心有缺失"是我在美国各地研讨感情问题时听到的许多男人的自我描述。男人们会不厌其烦地告诉我,他早年情感充沛,无忧无虑,不知压抑,感觉与生活和他人联系密切,之后却发生了断裂,出现了隔阂,那种被爱、被接纳的感觉消失了。男人们告诉我,对男子汉的考验是愿不愿意接受这种失落,甚至在肝肠寸断时也要咬紧牙关,一言不发。可悲的是,大量的男人记不得最初的心碎和心痛的时刻:那一刻他们被迫放弃了感受和爱的权利,而接纳作为父权制男人的地位。

每个试图与一个没有情感意识的伴侣谈恋爱的人都会受到伤害。大量的自助读物告诉我们,不能改变他人,只能改变自己。当然,它们从来没有回答过这样一个问题：在父权制的文化下，男性所接受的教育告诉他们情感会削弱他们的能力，促使他们走向改变，去选择爱，而这种选择意味着他们必须站在父权制的对立面，反对熟悉的"暴政"。我们不能改变男人，但可以鼓励、恳求和肯定他们改变的意愿。我们可以尊重他们内心的真实想法，一个他们可能无法说出的真相：渴望联系，渴望付出爱，渴望得到爱。

这本书回答了我们文化中所有年龄段的男人所提出的关于爱的问题。我写这本书是为了回应我最熟悉的男人提出的关于爱的问题，这些男人仍在苦苦寻找办法，回归曾经的心胸开阔、情感丰富的自我，尽管有无数人告诉他们应当压制自己的渴望，关闭自己的心门。

这本书是我为男性重拾和恢复自我，重拾爱和被爱的情感权利的盛宴所献上的一份厚礼。女性一直相信，我们可以通过向他们付出爱来拯救我们的人生伴侣，这种爱将成为疗愈他们情感系统受到的有毒攻击、每天经历的情感攻击所造成的所有创伤的良药。女性可以分享这个疗愈过程。我们可以引导、教诲、观察、分享信息和技能，但不能为男孩和男人做他们必须自己做的事情。我们的爱有作用，但它本身并不能拯救男孩或男人。归根结底，当男孩和男人学会爱的艺术时，他们才能拯救自己。

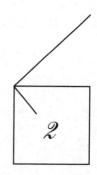

了解父权制

父权制是攻击男性身心的最危险的社会疾病。然而大多数男性在日常生活中不使用"父权制"这个词。他们从未想过父权制意味着什么,它是如何产生和持续的。很多男人压根就没听说过这个词。"父权制"这个词并不在他们的日常思维或经常使用的言语中。听说并理解这个词的男人通常会把它与妇女解放、女性主义联系起来,因此认为它与自己的经历无关。30多年来,我一直站在讲台上谈论父权制。这是我每天都在使用的一个词,而听到我使用这个词的男人经常问我这个词是什么意思。

他们对社会政治变化的大方向一无所知，使他们误以为反女性主义的陈词滥调是万能的，那种政治体系塑造并改造着男性的身份和自我意识，从生到死，贯穿他们的一生。我经常使用"帝国主义的、白人至上的资本主义父权制"这一短语来描述基础的社会政治体系。在这些体系中，我们在成长过程中了解最多的是父权制，即使我们从不知道这个词，因为父权制的性别角色在我们小时候就被赋予我们，我们所受的教育一直是演好自己的角色。

父权制是一种社会政治体系，它坚持认为男性天生占据统治地位，他们有天然的优越性，尤其和女性相比，还具有支配和统治弱者的权利，父权制通过各种形式的心理恐怖主义和暴力来维持这种支配地位。我们的父母都信奉父权制。我和弟弟相差一岁，父权制决定了父母如何看待我们。

他们认为，人类统治世界上的万事万物，女人的任务是帮助男人履行职责，辅助男人，并在与大男人的关系中始终担任从属的角色。这些观念在他们遇到的每一个机构——学校、法院、俱乐部、体育场馆以及教堂——都得到了强化。像他们周围的其他人一样，他们接受父权制思想，并将其传授给子孙后代，因为这似乎是集体生活的一种"自然"

方式。

他们教导我——他们的女儿，我的职责是服务，我是弱者，无须思考，只应照顾和侍奉他人。教导我弟弟说，他的职责是接受他人的服务，养家糊口，顶天立地思考、筹划和打算，以及拒绝照顾或养育他人。他们教导我说，女性不应有暴力倾向，女性有暴力倾向是"天理不容"的。教导我弟弟说，他的价值将由他的暴力意愿决定（当然是在适当的场合）。还教导他说，男孩以暴力为乐是正常行为（当然是在适当的场合），男孩不应表达感情。教导我说，女孩可以并且应该表达感情，或者至少表达其中的一部分。当我被夺走玩具时表现出愤怒，作为一个父权制家庭的女孩，我会被告知愤怒不是一种适当的女性情感，它不仅不应表达，而且应该彻底根除。当弟弟对被夺走玩具表现出愤怒时，他们教导成长于父权制家庭的男孩——我弟弟，他表达愤怒的能力是好的，但他必须懂得宣泄仇恨的恰当环境——他用愤怒来对抗父母的意愿是不合适的，但长大成人后，愤怒则是允许的，允许愤怒激起他的暴力，这将有助于他保家卫国。

我们住在乡下农场，与他人隔绝。我们的性别角色意识是从父母那里学到的——根据我们对他们的行为方式的观察。我和弟弟都对性别差异感到困惑。在现实中，我比弟弟更强大、更暴力，我们很快就知道这是不对的。而弟弟是个温柔、恬静的男孩，我们知道这真的很糟糕。虽然我们经常感到困惑，但确定地知道一个事实：不能按自己的意愿行事，不能做自己喜欢做的事。我们很清楚，自身的行为必须遵循一个预先确定的、与性别有关的既有规则。我们都是在成年后才知道父权制这个词的，那时才明白决定行为的应该是什么既有规则，应该表现出什么样的身份，是基于父权制的价值观和对性别的执念。

我总是比弟弟更热心于挑战父权制，因为这个制度总是把我排除在想参与的事情之外。在 20 世纪 50 年代，我们的家庭生活中，玻璃弹子是一种男孩的游戏。弟弟从家里的男人那里继承了玻璃弹子，他将它们放在一个锡盒里。各种尺寸和形状，五彩斑斓，在我眼里都是最漂亮的东西。我们一起玩时，我经常固执地紧紧抓住最喜欢的那颗玻璃弹子，拒绝分享。当爸爸上班时，留在家里的妈妈看到我们一起打弹子就很满足。然而，爸爸从父权制的角度看我们游戏，对他看到的情况感到不安。他的女儿争强好胜，打得比他儿子还好。他的儿子很被动；这个男孩似乎并不在乎谁赢了,只要有人提出要求,他就愿意交出弹子。爸爸宣布,这场游戏必须结束,我和弟弟都需要吸取关于适当的性别角色的教训。

一天晚上,爸爸让弟弟把那罐弹子拿出来。我表示想玩弹子,但弟弟告诉我"女孩不玩弹子,那是男孩的游戏"。我当时只有四五岁,根本没有在意这句话的任何含义,坚持要玩,捡起弹子并开始投掷。爸爸介入了,叫我停下来,我不听。他的声音越来越大。然后他突然把我抓起来,抄起纱门边上的一块木板,开始打我,对我说:"你只是个小女孩。当我告诉你做某事时,你就应该去做!"他又继续打我,想让我承认自己明白犯了什么错误。他的愤怒和举动吸引了所有人的注意,我们一家人被父权暴力的真实表现震住了,茫然不知所措地呆在那里。挨打之后,我受到了惩罚——被迫独自待在黑暗中。妈妈走进卧室安慰我,用她温柔的南方口音对我说:"我警告过你。你需要明白你只是一个小女孩,女孩不能做男孩能做的事。"为了维护父权制,她的任务是让我找回自己的位置,恢复自然的社会秩序,来强调爸爸的行为是正确的。

我对这次创伤性事件记忆犹新,因为这个故事在我们家反复地被提及。没有人关心不断的复述可能会引发创伤后压力；为了强化信息和记忆中的绝对无力状态，必须进行复述。一个高大强壮的男人暴打小女孩的情景，不仅提醒了我自己的性别地位，还提醒了所有关注我的人，所有的兄弟姐妹，无论男女，还有我们的成年母亲，我们的父权制父亲是一家之主。我们要记住，如果不遵守他的规矩，就会受到惩罚。这就是我们在父权理论方面沿袭下来的传统教育方式。

这种现象人们已经习以为常，见怪不怪了。听听在父权制家庭中长大的、受伤的成年人的声音，你会听到各种故事，它们的内核是相同的，即用暴力来强化我们对父权制的教导和接受。家庭疗愈师特伦斯·雷亚尔在《我如何与你沟通？》中讲述了他的儿子们是如何开始接受父权制思想的，即便父母努力营造一个反父权制价值观的充满爱的家庭。据他讲述，他的小儿子亚历山大喜欢扮成芭比娃娃，碰巧被和他哥哥一起玩的男孩们看到了，这些男孩不由自主地仔细打量他，他们的目光以及震惊态度使他明白，他的行为是不可接受的。

这些打量中没有一丝恶意，但我儿子收到了目光传达的一个信息：你不能这样做。而传播这种信息的媒介是一股强大的情感：羞耻心。3 岁时，亚历山大开始学习规则。短短 10 秒钟的无语驻足打量，足以让我儿子从那一刻起放弃他最喜欢的活动。我把这样的诱导时刻称为男孩的"典型创伤"。

为了向男孩灌输父权制的观念，我们强迫他们感受痛苦，并否认自己的感受。

我的故事发生在 20 世纪 50 年代；雷亚尔讲述的故事是当下发生的。它们都强调了父权制思想的"暴政"，父权制的文化捆住了我们的手脚。雷亚尔是美国父权制阳刚之气问题上最开明的思想家之一，他让读者知道，他无法让他的孩子们远离父权制的影响。就像所有的男孩和女孩一样，他们或多或少地遭受着它的侵蚀。毫无疑问，通过创造一个没有父权制的充满爱的家庭，雷亚尔至少为孩子们提供了一个选择：他们可以选择做自己，也可以选择顺从父权制的角色。雷亚尔用"心理父权制"来形容女性和男性共有的父权思维。尽管当代有远见的女性主义者清楚地表明，父权思想家不一定是男性，但大多数人仍将男性视为父权制的问题，事实并非如此。女人可以像男人一样，固守父权制的思想和行为。

心理疗愈师约翰·布拉德肖在《创造爱》一书中清晰地定义了父权制，他的定义非常贴切："字典将'父权制'定义为一种以父亲在家族或家庭的职能方面至高无上的地位为标志的社会组织……""父权统治仍然支配着世界上大部分的宗教、学校和家庭系统。"在描述这些规则中最具破坏性的规则时，布拉德肖列出了"盲从——父权制的基础；压抑除了恐惧以外的所有情绪；个人意志力的破坏；当思想偏离权威人物的思维方式时，就会受到压制"。父权制思维塑造了我们文化的价值观。我们在这个系统的指导下步入社会，包括女性和男性。大多数人都是从原生家庭中习得父权观念的，这些观念通常是由母亲教导我们的，然后又在学校和宗教机构中得到强化。

当代有很多女性户主家庭，许多人认为这些家庭中的子女没有领教过父权制价值观，因为缺乏男性的陪伴。他们认为男人是父权制思想的唯一导师。然而，与双亲家庭相比,许多以女性为户主的家庭对父权制思想的支持和推崇要强烈得多,因为她们没有切身体验来挑战对性别角色的错误幻想,这样家庭中的女性对父权制角色和父权制男性的向往程度,不亚于每天与父权制男性生活在一起的女性。我们需要强调女性在延续和维持父权制的文化方面所发挥的作用,这样才能认识到,父权制是一种男女同样支持的制度,即使男性从这种制度中受益更多。根除和改变父权文化是男女必须同心协力共同完成的任务。

显然,只要集体否认某种思想体系对生活的影响,我们就无法废除这种体系。父权制要求男性通过必要的手段占据主导地位,因此它支持、促进和纵容男性至上基础上的暴力。我们在关于家暴的公开讨论中听到最多的是男性至上的暴力。但最常见的父权制暴力形式是发生在家庭中父权制父母和子女之间的暴力。这种暴力的重点通常是强化统治者模式,在这种模式下,权威人物被视为有权统治无权者,还有权通过征服、统率和支配的做法来维持这种统治。

父权制体系为长期维护这种文化,阻止男性和女性透露他们在家庭中发生的事情的真相。绝大多数人在整个文化中执行一种无声的规则,要求我们保守父权制的秘密,从而维护父亲的统治。当文化拒绝每个人轻易接触到"父权制"这个词时，这种沉默的规则得到了维护。大多数孩子没有学会如何分辨这种制度化的性别角色体系，所以我们在日常讨论中很少提及它。这种沉默促成了否认。那么我们如何组织起来挑战和改变一个无法命名的系统呢？

女性主义者开始使用"父权制"一词来取代更常用的"男性沙文主义"和"男性至上主义"，这并非偶然。这些勇敢的声音希望男人和女人更清楚地认识到父权制对我们所有人的影响。在流行文化中，这个词本身在当代女性主义的全盛时期几乎不被采用。反女性主义活动家并不比他们的男性同伴更渴望强调父权制和它的运作方式。因为这样做会自动暴露出这样偏激的观念：男人是全能的，女人是无能的，所有的男人都是压迫者，而女人总是并且只能是受害者。男性至上的思想代代相传，其责任完全归咎于男人，这些妇女愿意保持对父权制的效忠，保持她们对权利的渴望。她们通过披上受害者的外衣来掩盖她们对成为支配者的渴望。

与许多有远见的激进女性主义者一样，我对那些只是厌倦了男性剥削和压迫的妇女的错误观念提出了怀疑，这种观念即男人是"敌人"。早在 1984 年，我就在《女权主义理论：从边缘到中心》一书中加入了一章，标题是"男人：同一战壕的战友"，敦促女性主义理论的倡导者挑战任何将延续父权制和男性统治的责任完全归咎于男性的言论：

分离主义思想鼓励女性忽视男性至上主义对男性人格的负面影响，强调两性之间的两极分化。根据快乐的正义观，分离主义者认为，在男性至上受害者的命名问题上，有两种基本观点："一种观点是男性压迫女性；另一种观点认为人就是人，我们都被刻板的性别角色所伤害。"这两种观点都准确地描述了我们遭遇的困境：男人确实压迫女人，人们受到刻板的男性至上主义角色模式的伤害。这两种具体情况并存。男性对女性的压迫不能以承认男性在某些方面受到刻板的男性至上角色的伤害为借口。女性主义者应该承认这种伤害，并努力改变它。它并没有消除或减轻男性在父权制下支持和延续他们剥削和压迫女性的权力的责任，这种责任远比男性遵从严格的男性至上角色模式所造成的心理压力和情感痛苦要严重得多。

在这篇文章中，我一直强调女性主义的拥护者们的共同参与导致了被父权制伤害的男人的痛苦。当他们将男人描绘成永远且唯一强大的，永远且只从他们对父权制的盲从中获得特权，他们的描述是错误的。我主张，父权意识给男人洗脑，让他们相信对女性的统治是有益的，而事实并非如此：

女性主义者经常肯定这种推理，而我们应该不断地将这些行为命名为扭曲的权力关系的表达，普遍缺乏对自己行为的控制，情感上无能为力，极端的非理性，通常完全是精神错乱。男性对男性至上思想的被动吸收使男性错误地正面解读这种扰乱行为。只要男性被洗脑，认为暴力统治和虐待女性是自己应当享有的特权，他们就不会理解对自己或他人造成的伤害，也不会有改变的积极性。

父权制要求男性在情感方面抱残守缺。由于这是一种剥夺男性充分获得自由意志的制度，任何阶级的任何人都很难反抗父权制，无法成为背叛父权制的育儿者，不管这名育儿者是女性还是男性。

与我相伴超过12年的男人，在他的原生家庭中受到了父权制的创伤。我结识他时，他20多岁。虽然他的性格形成时期处在一个暴力、酗酒的父亲的陪伴之下，但在他12岁时，情况发生了变化，他开始独自和母亲生活。在我们共同生活的最初几年里，他时常聊起对虐待他的父亲的仇视和愤怒。他无心原谅父亲，也无意理解那些塑造和影响他父亲生活的环境，无论是在他的童年时期，还是在他的从军生涯。

在我们交往的最初几年，他对男性对妇女和儿童的统治极为不满。虽然他没有使用"父权制"这个词，但他理解它的含义，并表示反对。他温文尔雅的举止常常使人们忽视他，认为他软弱可欺。到30岁时，他开始表现得更有阳刚之气，接受了他曾经批评过的支配者模式。打着父权制的旗号，他赢得了更大的尊重，并且知名度大大提升，吸引了很多异性。他在公共领域更受关注。他停止了对男性统治的批评。事实上，他开始替父权主义发声，他的发言具有明显的男性至上主义色彩，这些论调过去会让他感到震惊。

他的思想和行为之所以发生这些变化，是由于他渴望在父权制的工作场所被接受和肯定，以及他想要出人头地的雄心。他的故事并不罕见，被父权制虐待和伤害的男孩往往会信奉父权制思想，接纳他们曾经清楚地认为是邪恶的阳刚之气。很少有在父权主义名义下遭受残酷虐待的男孩勇敢地抵制洗脑并始终坚持做真实的自己，大多数男性都以这样或那样的方式遵从父权制。

事实上，在我们的文化中，激进的女性主义对父权制的批评已经偃旗息鼓。它已经成为一种亚文化说教，只有受过良好教育的精英才能感受得到。即使在那些圈子里，使用"父权制"这个词也被视为失礼。我在演讲中，用"帝国主义的、白人至上的资本主义父权制"来描述美国的社会政治，听众经常会嗤之以鼻。没有人解释过为什么准确地命名这种体制是滑稽可笑的。嘲笑本身就是父权制恐怖主义的武器，它起到了免责声明的作用，对所命名之物的重要性不以为然。这表明这些词本身有问题，而不是它们所描述的体制。我把这种讥笑解释为，听众对被迫赞同反父权制的非传统的批评表示不适。这种讥笑提醒我，如果我敢公开挑战父权制，我就有可能受到嘲笑。

　　人们害怕对父权制提出怀疑，即使他们还没有明确感觉到这一点，他们也心存疑惧，因为父权制的规则深深地嵌入我们的集体潜意识。我经常告诉听众，如果我们挨家挨户询问是否应该结束男性对女性的暴力，大多数人会明确表示支持。然后，如果你告诉他们，我们只能通过结束男性统治，消除父权制来阻止男性对妇女的暴力，他们会开始动摇，并改变他们的立场。尽管当代女权运动成果斐然——妇女的劳动地位得到了更大的提高，对放弃僵化的性别角色有了更多的宽容，但父权制作为一种制度仍然完好无损。许多人始终以为，如果人类要作为一个物种生存下去，就需要这种制度。这种信念似乎具有讽刺意味，因为父权制主导社会的方法，特别是坚持以暴力作为治理社会的手段，实际上已经导致了地球上数百万人遭到杀害。

　　除非我们集体承认父权制造成的损害和所带来的痛苦，否则我们无法解除男性的痛苦。我们不能要求男性完美，使其成为爱的付出者和养家人。显然，一些信奉父权制的男人是可靠的，甚至是仁慈的付出者和养家人，但他们仍然被破坏其心理健康的系统所禁锢。

　　父权制催生了认知混乱，它是困扰男性的心理疾病的

根源。然而，人们对男性的困境并没有广泛的关注。在
《困境：男性的背叛》中，记者和女性主义者苏珊·法鲁迪
很少论及父权制的问题：

　　要求女性主义者诊断男人的问题，你往往会
得到一个非常明确的解释：男人的地位岌岌可
危，因为女性正在挑战男性的统治地位。女性要
求男性分享公共权力，而男性无法承受。询问反
女性主义者，你会得到相似的结论（在某个方
面）。许多保守派权威说，男人感到不安，因为女
人已经不再只满足于她们对同等待遇的要求，并
且正试图从男人那里夺取支配权和控制权。言
外之意是：如果男人没有占据控制地位，他们就
不能成为真正的男性。女性主义和反女性主义
的观点都植根于一种特殊的现代观念，即作为男
人意味着掌控一切，并无时无刻不处于掌控
地位。

　　法鲁迪从未审视过控制的概念。她从来没有认为下列观点是错误的：在当代女权运动之前，男人在某种程度上掌握控制权，占据统治地位，并对自己的生活感到满意。

　　父权制作为一种制度，剥夺了男性获得圆满的情感幸福的机会，这与我们想象的完全不同。在我们的想象中，他们会因为有能力宣示对个人的掌控权而有成就感，体验自己的成功或强大。为了真正化解男性痛苦和男性危机，我们必须携手揭露残酷的现实，即父权制在过去伤害了男性，而且现在仍在继续伤害他们。如果父权制真的能给男性带来成就感，那么家庭生活中屡见不鲜的暴力和上瘾行为就不会存在。这种暴力不是由女性主义造成的。如果父权制成效明显，大多数男人在工作和生活中感到的满腹牢骚将荡然无存——这种不满详见斯图兹·特克尔的作品，在法鲁迪的论文中也有体现。

　　从多个角度看，《困境：男性的背叛》是对男人的又一次背叛，因为法鲁迪殚精竭虑设法不质疑父权制，因此她没有强调如果我们要解放男人，首先必须结束父权制的必要性。相反，她认为：

　　我不去思考为什么男人会抵制女人争取自由、争取健康人生的努力，而是开始思考为什么男人不参与他们自己的解放斗争。为什么他们随时随地都可能暴跳如雷，却没有对他们自己的困境做出正当合理的系统回应：鉴于在我们的文化中对男人提出的证明自己的要求是无根据和侮辱性的，那么，为什么男人不反抗呢？为什么男人没有对他们自己生活中的一系列背叛（他们的父亲没有兑现他们的承诺）做出与女性主义相同的回应？

　　注：法鲁迪既不敢暗示男人可以在女性主义运动中得到救赎，即便会激起女性主义女性的怒火，也不敢暗示他们可以从参与女性主义中获益，而甘冒被那些坚定的反女性主义的男性读者否认的风险。

　　到目前为止，有远见的女权运动是唯一强调必须结束父权制的"正义之师"。大规模的妇女团体不曾向父权制发起挑战，男性组织也没有联合起来领导这场斗争。男性面临的危机不是阳刚之气的危机,而是父权制阳刚之气的危机。在我们明确这一区别之前,男性将继续担心对父权制的批判是一种威胁。不同于致力于结束男性至上主义的政治意义的父权制,疗愈师特伦斯·雷亚尔明确指出,损害我们所有人的父权制植根于我们的心理:

> 心理学意义的父权制是那些被认为是"男性"和"女性"特质间的状态,其中我们人类特征的一半值得赞扬,另一半遭到贬低。男人和女人共同参与这个令人痛苦的价值体系。心理学意义的父权制是一种"蔑视之舞",是一种荒谬的联结方式,它用复杂、隐蔽的统治和服从、勾结和操纵的等级制度取代了真正的亲密行为。这是一种不被认可的关系模式,它影响了一代又一代的西方文明,使两性关系变味,并破坏了男女之间两情相悦的恋爱关系。

通过强调心理学意义上的父权制,我们看到每个人都参与其中，我们从男人是敌人的错误观念中解脱出来。为了终结父权制，我们必须质疑其在日常生活中的心理和具体行为表现。有些人在理论上夸夸其谈，大批特批父权制，却没有实际行动做支撑。

为了结束男性的痛苦，有效地应对男性危机，我们必须解决问题。我们必须既承认问题是父权制，又努力结束父权制。特伦斯·雷亚尔提出了一个宝贵的见解："对健全性的重新认识，对男性来说是一个比对女性来说更加艰难的过程，对整个文化来说是更深层面的威胁。"如果男性要回归男性存在的良善本性，重新获得作为幸福基础的坦诚相待和情感表达的空间，我们必须设想出父权制阳刚之气的替代方案。我们必须共同改变。

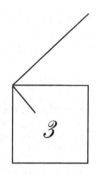

孩提时代

　　父权制的文化认为男孩不可爱。虽然男性至上规定男孩比女孩地位更高，但地位甚至是特权的优势不等于被爱。父权制对男孩情感生活的攻击从他们出生的那一刻开始。与男性至上的神话相反，在男婴和女婴的现实世界中，男婴更愿意表达自己，他们更爱哭，哭声更响亮。他们来到这个世界上，想要得到关注和聆听。罪魁祸首的男性至上思想导致许多父母让男婴独自哭泣，无人抚慰，因为他们担心对男婴过多地搂抱和安慰，会导致他们长大后变得懦弱。值得庆幸的是，现在已经有足够的机会脱离僵化的男性至上角色，让有觉悟的父母拒绝这种错误的逻辑，给男婴与女婴同样多的安慰。

近年来，致力于促进男孩情感生活的研究人员已经很清楚，父权制文化会导致父母轻视男孩的情感发展。当然，这种忽视也影响了男孩付出爱和得到爱的能力。丹·金德伦和迈克尔·汤普森是《培养高情商男孩》一书的作者，他们强调，男孩在童年早期可以自由地表达更多的情感，因为他们还没有学会害怕和鄙视表达依赖性："每个孩子，包括男孩，来到这个世界上都想爱父母和被父母爱。40年来对情感依恋的研究表明，如果没有情感依恋，儿童就会死亡或遭受严重的情感创伤。"尽管有这些精辟的见解，但他们并没有谈论父权制的影响。他们没有告诉读者，要真正保护男孩的情感生活，我们必须说出父权制权利的真相。我们必须敢于面对父权制思维蒙蔽所有人的方式，让人无法看到，只要父权制的阳刚之气占上风，男孩的情感生活就无法得到充分尊重。我们不能告诉男孩，"真正的男人"要么没有感情，要么有了感情也不表达，然后期望男孩能够自然随意地体会他们的感受。

关于男孩情感生活的许多传统研究将男性统治观念与男孩的情感封闭联系起来，虽然研究人员的表现证实了父权制的价值观可以保持不变。《培养高情商男孩》和疗愈师詹姆斯·加巴里诺的《迷失的男孩：为什么儿子会变得暴

力,我们如何拯救他们》(简称《迷失的男孩》)等畅销书概述
了男孩在情感上受到伤害的方式,但他们没有提供大胆的
替代愿景,即从根本上质疑父权制的阳刚之气。相反,这些
书暗示,在现有的父权制体系中,男孩应该不受父权制要求
的影响,父权制本身的作用从未被提及。在《培养高情商男
孩》中,作者最后得出的结论是"男孩的首要需求是通过一
个不同于传统规定的视角被对待。就个人而言,作为一种
文化整体,我们必须摒弃对男孩的扭曲看法,这种看法忽视
或否认了他们的情感能力,甚至使男孩认为自己超出情感
生活以外"。金德隆和汤普森细心地去掉语言的政治色彩,
他们对"传统"一词的使用掩盖了这样一个现实:父权制的
文化在美国广泛普及,家喻户晓,否定男孩的情感生活,这
是一种根深蒂固的社会和政治体系,并非天性使然。克里
斯蒂娜・霍夫・索默斯等反女性主义女性通过传播索默斯
的《向男孩宣战》一书,提出了"女性主义正在伤害我们的男
青年"的观点,以此观点来讨好男性。索默斯错误地认为,
引导男孩反对父权制是"重新将男孩引向女性化的道路"。
在此过程中,她忽略了女性主义思想家对女性化的男性至
上概念的批评,就像我们对父权制阳刚之气概念的批评一
样。威胁男孩情感生活的是父权制,它否定了男孩的全部

人性、仁慈和博爱，而不是女性主义思维。为了改变父权制的"传统"，我们必须结束父权制，部分是通过设想关于男性特征的其他思维方式，而不仅仅是男孩。

心理学家、疗愈师詹姆斯·加巴里诺从未使用过"父权制"一词（他使用了"传统阳刚之气"一词），但他确实在《迷失的男孩》中提出，培养雌雄同体的自我，一种结合了男女特征的自我，将肯定男孩表达情感的权利。加巴里诺在"男孩需要什么"一节中指出：

男孩在哪里学习以及如何学习做男人的意义？他们似乎经常从大众媒体和社区中最出众的男性身上学到，特别是他们的同龄人。男孩的伙伴是所谓的阳刚之气和阴柔之气的仲裁者，因此，社群中男孩的适应能力取决于改变男性同伴群体中的大男子主义态度，以及拓宽他们对真正的男人是什么和做什么的概念。

加巴里诺的作品很有力度，他做出的论述，以及提供的信息非常有针对性，说明了男孩因被要求否认自己的情感而受到的所有创伤。但这也是一部令人烦恼的作品，因为作者本人似乎不愿将他对男孩所受伤害的认识与批评父权制的思想和做法联系起来。他似乎认为，在某种程度上，所需要的是对父权制价值观的改造，这样男孩的情感就可以得到支撑，至少在男孩长大之前是这样。

坦率地说，我们很难理解为什么这些对父权制思维伤害男孩的方式了解得如此之多的人，却不能直截了当、直奔主题，并设想男孩真实的情感世界来解放自己。也许他们保持沉默是任何对父权制的批判都会导致对转换为女性主义思维和行动是不是答案的讨论。对许多关注男孩情感生活的男性思想家来说，很难将女性主义视为一种有用的理论，因为一些女性主义者的反男性意识在很大程度上导致该运动对男孩的发展关注甚少。

女性主义理论和实践的巨大缺陷之一是缺乏对男孩的集中研究，没有为可替代的阳刚之气和对男性的思考方式提供指导和策略。事实上，坚持认为男性是敌人的女性主义言论常常封闭了考虑男孩的空间，在这个空间里，男孩受到重视，被视为值得从父权制的剥削和压迫中解脱出来，就像他们的女性伙伴一样。就像那些从非女性主义的角度来写男孩的情感生活的研究者一样，女性主义研究者往往不愿意或勉强针对父权制的思维。家庭疗愈师奥尔加·西尔弗斯坦在《养育好男人的勇气》中很少提到父权制，但她确实提供了抚养男孩的替代策略。有两大障碍阻止了研究人员针对父权制的研究。一方面，研究人员担心单纯的政治分析会吓跑读者；另一方面，他们可能根本没有其他的愿景可以推荐。

女性主义理论为我们批判父权制提供了精辟的论据，而对于替代性的阳刚之气，特别是与男孩有关的阳刚之气，却少有令人信服的深刻见解。许多育有男孩的女性主义者发现自己不愿意质疑父权制阳刚之气的传统，而他们的男孩却未必接受这些价值观。她们认为自己不想拒绝儿子接触玩具枪，也不想当其他男孩在操场上攻击他们的时候教导他们要被动挨打。对于许多开明的、经济资源有限的女性主义单亲母亲来说，持续为自己的儿子制订计划的举动非常重要。

我有位好友是单亲母亲，她有一儿一女。她的儿子刚出生时，我建议给他取名为鲁比。他的亲生父亲开玩笑地说，"她（指我）应该自己生个儿子，并给他取名为鲁比"。嗯，他的中间名就是鲁比。他大约 5 岁的时候，决定要用鲁比这个名字。学校里的男孩们嘲笑他,告诉他鲁比是女孩的名字。为了直面这些嘲笑,他和妈妈把历史上所有叫鲁比的男人的照片带到学校。后来,他想给自己的指甲涂上指甲油。男孩们再次告诉他,男孩是不能涂指甲油的。他的母亲和姐姐召集了所有"酷"的成年男子,让他们到学校来,表明男性可以使用指甲油。然而,这些是我朋友的研究生时代发生的事情;当她开始全职工作时,这种警惕性变得很难维持。就在最近,她的儿子告诉她,他非常喜欢她身上的味道。她跟他说,他也可以散发出同样的味道。他告诉她,他不可能带着一身香气去上学。他收到的信息是,"男孩不能散发出香水气息"。她现在不是敦促他迎接新的挑战,而是允许他选择,不对他的选择妄加评判。然而,她为他感到难过,难过的是为遵守父权制标准而压抑了他的渴望。

许多反父权制的家长发现,他们为男孩所提倡的替代性阳刚之气不是被成年人摧毁的,而是被男性至上的小伙伴打破的。开明的父母努力对他们的男孩接触的大众媒体保持警惕,他们必须不断地干预并提供指导,以对抗被认为"正常"的父权教育。在《我如何与你沟通?》中,有两个儿子的父亲特伦斯·雷亚尔说:

我们的儿子很早就学习遵守规矩：男儿有泪
不轻弹；宁为玉碎，不为瓦全；铁骨铮铮；威武不屈
等。最终即使他一败涂地，也将坦然面对，绝不气
馁。就社会而论，我们可能有一些观念，如抚养具
备圆融性的男孩和女孩，但这并不意味着我们真
正这样做了。尽管你我可能会致力于培养开朗外
向的孩子，尽管文化总体上可能在改变，但改变的
力度远远不够。我们尽自己所能，在电影院、教
室、操场上，每时每刻、随时随地让我们的子女接
受着关于阳刚阴柔之气的传统信息的渗透。

雷亚尔再次用了"传统"而不是"父权制"这个词。然
而，传统很少能够撼动。几乎不可改变的是铺天盖地的父
权制的文化宣传。然而，当我们说出这种传播的真实名称
时，承认父权制的文化要求男孩否认、压制（如果一切顺利
的话）、停止他们的情感意识和感受能力时，我们就开始保
护男孩和所有男性的情感健康了。

在我们的文化中，小男孩是唯一被允许完全、彻底体验

自己情感的男性,可以在某些时刻毫无羞耻地表达自己对付出和得到爱的渴望。如果非常、足够的幸运,他们能够在进入父权制学校体系之前保持与内在自我或部分内在自我的联系,在父权制学校,同龄小伙伴将被迫严格扮演各自的性别角色,就像在成年男性监狱里一样。那些碰巧生活在反父权制家庭的少数男孩很早就学会了过双重人格的生活:在家里,他们可以感受、表达和做自己;在家庭之外,他们必须履行父权制男孩的角色。父权制下的男孩和他们的成人同伴一样,懂得规矩:他们知道除了愤怒之外,不能表达其他感情;他们不能做任何类似女性或女人般的事情。一项针对青少年男性的美国全国性调查显示,他们被动地接受了父权制的阳刚之气。研究人员发现,男孩们一致认为,要想成为真正的男子汉,必须受人爱戴、刚强不屈、沉静内敛,并掌控女性。

男孩每天都在消化吸收大众媒体给他们传达的关于如何处理情绪的信息,这个信息就是"表演"。"表演"通常指的是向外攻击:拳打脚踢、声嘶力竭和通过攻击别人获取别人的注意。由于父权制的教育没有教导男孩用语言表达他们的感受,男孩要么自欺欺人,要么郁积于胸,导致内心爆裂。当他们有异常情绪的时候,很少有男孩被教导用语言表达感受。即使男孩在幼儿期能够表达自己的感受，随着他们的成长，他们也会知道不应该有这种感觉，于是就会视其为没有感觉，因而缄默不言。

青春期会加剧男孩对自己身份的困惑。在许多方面，今天的幼儿期男孩往往有更充分的情感表达，但后来被迫压抑情感意识，这种现象加剧了男孩的青春期压力。可悲的是，如果不是因为极端暴力事件在美国青少年中频频爆发，男孩的情感生活仍然会被忽视。虽然大众媒体时不时以男性暴力和控制的作品教导男孩，采用暴力手段可取得令人满意的效果，并且会令人产生满足感，但当个别男孩有暴力行为时，特别是当他们滥杀无辜时，很多权威人士却认为男孩如此暴力的原因成谜。

进步的女性主义对青春期男孩的研究已经推翻了迄今为止人们普遍接受的观点，即男孩会经历一个反社会的阶段，在这个阶段他们会与社会脱节。最近的研究表明，分离、没有情感关怀或呵护对男青年的情感实际上是有害的。过去人们认为攻击行为是分离规则的一部分，是成长中的男孩宣示自主权的一种手段。然而，很明显，就像女孩学会自主，如何在不反社会的情况下与父母保持适当的距离一样，男孩也可以这样做。在正常家庭中，男孩能够在不从事反社会、不孤立自己的情况下学习和维护自主。恐怖主义很善于利用分离来摧毁人们的精神。在美国，这种心理恐怖主义的武器常常被用来对付青少年。在分离中，他们找不到自己的价值和作用。所以不足为奇的就是，当重新进入社群时，他们会带着一股戾气，将此作为主要的防御手段。

尽管大多数美国男孩不会犯下夺人性命那样的滔天大罪，但无人愿意说出的真相是，所有男孩正在被按照杀手的方式培养，但外表看似仁慈的年轻家长懂得将杀人的动机深藏不露（越来越多接受父权思维的女孩也接受了这样一种观念，即男孩必须以武力制胜）。与所有阶层的妙龄少女交谈，她们被男友虐待或暴打（男友说是在"管教"她们），你会听到类似成年女性在谈论那些虐待她们的男人所讲的"杰基尔博士"和"海德先生"的故事①。这些女孩描述了那些貌似温良的男人，实际上却时常会大发雷霆。我们一次又一次地在新闻中听到看似善良、温和的年轻男子突然显

---

① 哥特式科幻惊悚小说《化身博士》中的人物形象，杰基尔博士代表理性的诚实的善人形象，他在喝药水后会变成海德先生，而海德先生代表鲁莽、冲动、残忍、邪恶、堕落、轻浮的恶魔形象。

露出他的暴力本性。男孩们受到父权思想的鼓励，声称愤怒是通往阳刚之气的最快捷径。因此，毫不意外的是，在平静的外表之下，男孩们内心充满了不可遏止的愤怒，一种等待向人诉说的愤怒。

男孩们表达的愤怒本身就是对要求他们不能表现出其他情绪的回应。愤怒的感觉胜于麻木，因为愤怒通常会激发更多的有效行动。愤怒可以是，并且通常是恐惧和痛苦的藏身之处。在《灵魂之心》一书中，作者盖瑞·祖卡夫和琳达·弗朗西斯探讨了愤怒妨碍自我感觉的方式：

愤怒遏止了爱，并使愤怒的人变得不可靠近。这是一种尝试，这种尝试往往是成功的，把人们最渴望的东西——友谊和理解推开。这是对他人人性的否定，也是对自己人性的否定。愤怒是一种痛苦，因为你认为自己得不到理解，也不值得被理解。它是一堵墙，把你和他人完全隔开，而且是厚实坚固的混凝土墙，堵住了通往四面八方的道路，让你反复碰壁。

当然，我们发现，几乎所有的男孩杀人犯都描述过在他们行凶前的情感状态，他们的心里积满了愤怒。重要的是，这种愤怒的表达跨越了阶级、种族和家庭环境的大范围。来自富裕家庭的暴力男孩在情感上往往和来自贫民窟的男孩一样冷漠。

在美国历史上，越来越多的男孩在单亲家庭、女性户主家庭中长大，大众媒体传达的信息是，单身母亲呵护下的男孩心理很可能不健康。全国范围内的母亲都担心她们的育儿方式可能会伤害儿子。这是奥尔加·西尔弗斯坦在《养育好男人的勇气》中直面的问题。在评论许多人仍然认为母亲会损害儿子的阳刚之气时，她写道："大多数女性和男性一样，认为母亲的影响最终会对男孩有害，会削弱他的锐气，只有男人的榜样才能引导男孩成为男子汉。"单身母亲尤其担心养育一个女人般的男人。这源自一种恐惧，即鼓励男孩感情细腻会影响他们的取向；这种恐惧在单亲家庭中往往最为突出。因此，这些家庭的母亲可能对儿子过于严厉，极力压制他们的情感，认为这种方法会助长男孩的阳刚之气。

感情细腻的男孩每天都会受到父母的心理恐吓，更有甚者，会遭到身体上的毒打。

正如"母亲虐待"当今屡见不鲜，在这个世界里，女性被灌输的观念是：她们对儿子的情感虐待更有利于将其培养成为顶天立地的男子汉。"父亲虐待"是父权制价值观的自然产物，在著名编辑布鲁斯·申尼茨编辑的《我可能成为的男人：某些男人眼中的父亲》一书中，儿童时代的许多往事都包含了父亲施虐的过程。又如评论家詹姆斯·萨斯洛在《爸爸是个热门人物》中所写：

> 当爸爸把脸扭向一边，置之不理的时候，所有的孩子都会感到一阵刺痛，那是一种不适的刺痛；如果爸爸是你的偶像、导师，又是你渴慕的对象时，这种刺痛程度可能会加倍。只有母爱是无条件的……但父爱也是为了把孩子塑造成理想的模样。父亲质疑我们，然后评判我们（他们在促使下一代步入社会的过程中起到了作用）。在这场神话般的意志之战中，劝说和榜样是首选武器，但如果它们不起作用，"教官"将不得不释放家庭战争的 A 级炸弹——拒绝。

大多数有父权制思想的父亲不会使用体罚来约束他们的儿子,而是采用各种各样的攻心术,最主要的是羞辱的做法。父权制的父亲无法爱儿子,因为父权制的规则要求他们与儿子竞争,随时证明他们是真正的男子汉,重任在肩的男人。鲍勃·万斯在他的文章"寻找光明并且光明照耀我前进"中描述了他作为一个男孩走在父亲身后,渴望父亲给予关爱,但直觉上知道不可能:

有些东西抑制了我向他索取所需要的东西。我知道,如果一个很小的男孩能凭直觉感知这样的事情,我就会被排除在他的世界之外,而且禁止我问他,我能做些什么才能让他把我带进他的世界,让他亲昵或温柔地抱着我。隔阂从此开始。这是我对父亲最早的记忆。

父权制父亲只将儿子视为行伍新兵,因此儿子们不得不接连遭受施虐狂的全力摧残,目的是锻炼他们的铮铮铁骨,让他们做好维护父权传统的准备。儿子生活在一个父

亲努力让他们处于劣势地位的世界；作为训练中的家长，他们必须学会如何扮演一个占上风的角色。雷亚尔是这样解释的：

> 维持与他人的关系需要与自己保持良好的关系。健康的自尊是一种内在的价值感，它既不会让一个人陷入自以为是的"优越感"，也不会让一个人感到"自惭形秽"……轻蔑是很多男人难以保持沟通的原因。既然健康的自尊（既不高人一等，也不低人一等）还不是真正的选项，而且低人一等会招致自己和他人的蔑视，大多数男人都学会了隐匿长期困扰他们的羞耻感……逃离自己的人性，逃避与他人的亲近。

这种对亲密的逃避在青春期男孩的生活中表现得尤为突出，因为在童年和青少年的这个分水岭，他们经历了一系列让他们感到失控的情绪，担心自己达不到父权制阳刚之气的标准。压制愤怒是所有这些恐惧的完美藏身之处。

尽管公共生活中的性别角色发生了重大变化,但在私下里,许多男孩因淡薄的或缺席的父子关系而受到创伤。与一群男人一起工作时,听他们谈论童年,我听到他们讲述与父亲缺乏情感联结的故事。当许多男孩试图达到父亲的期望时,他们害怕父亲的愤怒。在《够男人:父亲、儿子和对阳刚之气的追寻》一书中,心理学家和家庭疗愈师弗兰克·皮特曼回忆道:"因为担心自己没有足够的阳刚之气,我对阳刚之气充满敬畏。我以为父亲有某种神奇的力量,他没有传给我,这是一个他没有告诉我的秘密。"同样的假设反复萦绕在我们的脑海,这表明存在一种阳刚之气理想,而男青年不知道如何实现这种理想,因而伤害了他们的自尊。这种渴望的危机似乎在缺少父亲陪伴的男孩身上体现得最为深刻。如果与真正的成年男性没有积极的联系,他们更有可能投入于一种极端的父权理想。对自己不能达到应有的阳刚之气的担心和畏惧常常转化为愤怒。许多青少年动辄就怒不可遏,因为父子间幻想的情感联系,想象的爱,永远不会实现,取而代之的是虚幻的渴望。显而易见,即使这种幻想不会实现,"父亲的创伤"不会愈合,男孩们也会坚守这份渴望。这可能会赋予他们一种追求感和使命感,让他们觉得有一天会找到父亲,或者通过生儿育女,成为他们梦想中的父亲。

男孩们在寻求父爱的过程中受挫，常常感到悲痛和沮丧。他们可以掩饰这些感受，因为他们可以孤立自己，远离外界，沉浸在音乐、电视、电子游戏中。这个失望的少年的悲伤是没有情感宣泄出口的。对与父亲失去情感联结的哀悼是一种应对失望的健康方式，但男孩们没有哀悼的空间。这种对悲伤空间的需求在电影《爱在屋檐下》中得到了淋漓尽致的宣泄。得知自己罹患癌症，时日无多，影片中的父亲试图与他有着困惑、愤怒，还吸毒的十几岁儿子缓和关系。儿子和他的母亲与继父同住。在他和父亲相伴的短暂时间里，儿子逐渐接受了父亲，与他重归于好。但当儿子发现他的父亲即将去世时，他又对亲情不能持久感到愤怒。在唐纳德·达顿对施虐男性的研究《施虐者》中，他观察到男性的悲伤模式很少，他强调"男性似乎尤其无法从个人的角度而悲伤和哀悼"。这个世界都在教导男孩不应该表达感情，受此世界所困，青少年男性找不到可以宣泄悲伤的地方。尽管成年人抱怨青春期男性的冲动，但大多数成年人更愿意面对一个愤怒的青少年，而不是一个被悲伤淹没、整天哭哭啼啼的人。男孩学会用愤怒掩盖悲伤；越是烦恼，他那冷漠的面具就越厚实。当对建立亲情的渴望不得不被拒绝时,封闭自己的情感是最好的防御手段。

　　青少年是最令人头疼的群体。青少年之所以令人恐惧,是因为他们经常曝光父母和周遭世界的伪善。没有哪个群体比一伙十几岁的男孩更令人恐惧。许多男孩情感上被父母和整个社会抛弃,他们总是怒火满腔,没有人真正关心这种愤怒,除非它演变成暴力行为。如果男孩怒火满腔,整天坐在电脑前,一言不发,没有人会在意。如果男孩在盛怒之下去商场,没有人会在意,只要他能将怒火控制住。在《迷失的男孩》一书中,疗愈师詹姆斯·加巴里诺证实,对于男孩来说,"忽视比虐待更常见:更多的孩子在情感上被抛弃,而不是直接遭受身体或情感上的攻击"。感情上受冷落是情感麻木的基础,这有助于男孩适应情感上的分离,男孩发泄愤怒情绪通常被认为是正常的,这可以用青少年在父权思想影响下行为不端的古老理由来解释,"男孩总归是男孩"。父权制既造成了男孩的愤怒,又将愤怒压制下来供以后宣泄,使之成为男孩长大成人后可以利用的资源。作为一种社会产物,这种愤怒可能会进一步郁积,演变成对所有男女的霸凌、仇恨和压迫。如果男孩像一名志在四方的好男儿,南征北战,保家卫国,而不要求找到其他解决冲突的方法,这种愤怒是必要的。

在公民权斗争、性解放和女权运动后，大批美国男孩开始争取心理上健全的权利，并以拒绝参加越战的方式公开表达这些要求。作为帝国主义、白人至上主义、资本主义父权制的宣传工具，大众媒体早就把目标瞄准了男青年，并对他们进行了严格彻底的洗脑，以从心理的角度强化和捍卫父权制。今天，小男孩和男青年每天都被一种有毒的教育所淹没，这种教育支持男性暴力和男性统治，教导男孩们肆意发泄暴力是可以接受的，教导他们藐视和仇视女性。鉴于这一现实，以及随之而来的对男孩的情感疏离，男孩表现出凶狠残暴、杀伐果断的样子，都不足为奇；我们应该感到惊讶的是，这种打打杀杀目前尚不普遍。

父权制对十几岁男孩自尊的无情侵犯已经成为一种公认的常态。关于成年男性对十几岁男孩的残酷压制，人们一直保持缄默。大众媒体宣传了许多成年男性对小男孩和男青年的恶意和竞争。针对男青年消费者的许多大众媒体是由一些自我憎恨、情感封闭的成年男性创造的，他们只跟男青年分享暴力色情内容。为了达到这个目的，他们创作了一些画面，教唆引诱男青年舞枪弄棒，把对女性的奴役作为诱饵，引诱他们犯罪。在女性主义者、反种族主义者和后殖民主义对帝国主义、白人至上主义、资本主义父权制的批判后，旨在重新确立父权制的反扑又死灰复燃，甚嚣尘上。虽然女性主义可能会忽视男孩和男青年，但资本主义父权制却不会。

我反复地听到父母们，尤其是那些反对父权制的父母，一边对这些书的内容表示担忧，一边称赞它们吸引了更多的男孩读者。当然，美国儿童的生活环境充斥着铺天盖地的广告宣传，告诉他们应该读这些书。

儿童文学就像电视节目一样，专注于进一步深化父权制观念。但只有少数几本以男性为中心的书挑战了父权规范。由于这类书并不多，所以无法知道它们在教导男孩另类的阳刚之气方面可能会产生什么影响。我为男孩们写了一系列儿童读物，起初我很惊讶，作为一个有超前意识的女性主义理论家，为男孩们构思新的图像和文本比较困难。在给侄子买书的时候，我第一次意识到缺少针对男孩的进步文学。在我的第一本有男性角色的童书《做巴兹男孩》中，我在庆贺男孩成长的同时，没有提及父权制规范。我想写一点文字，只为表达对男孩的爱。这是一本针对男孩的书，这本书致力于尊重男孩的全面发展，不管他们是在嬉戏打闹，摩拳擦掌，还是仅仅静坐不动。我所写的书旨在为男孩们提供处理自我情感的方法。重点是激发男孩的情感意识，并肯定这种意识。

为了真正保护和尊重男孩的情感生活，我们必须质疑父权制的文化。在这种文化改变之前，我们必须创造一种亚文化，一个避难所，在那里男孩可以学会做有个性的自己，而不必被迫盲从父权制的阳刚之气愿景。为了正确地爱男孩，我们必须足够重视他们的内心世界，在私人和公共领域构建他们的权利，使他们的身心健全能够得到持续的赞美和肯定，使他们获得和给予的需求能够得到满足。

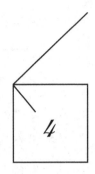

制止男性暴力

　　有些美国的男人每天都很暴力,他们的暴行被父权制心理学冠之以"天赋自然",父权制坚持认为拥有男性性别和暴力意志之间存在生物学上的必然联系。这种想法继续定义着我们社会中阳刚之气的概念,尽管有文献记载,世界上存在着一种文化,这种文化的日常生活中的男性没有暴力倾向,也很少涉足犯罪。每天也都有人无视暴力。这些文献没有说明他们如何在不受暴力诱惑的前提下成功驾驭父权制。女性争取到披着女装的家长制男人的权力,因此她们也在从事与男性同伴类似的暴力行为。这提醒我们,使用暴力的意愿实际上与生物学无关,而是与支配者文化中对权力本质的一系列期望有关。

几十年来，无论我们看了多少电视节目和电影，其中的英雄都是以暴制暴的好人，但是许多人仍然一直觉得女性主义思想家夸大了男人在日常生活中的暴力程度。

激进女性主义者安德里亚·德沃金一直勇敢地指出男性对女性施暴的范围十分广泛。她在《替罪羊》一书中写道："联合国的一份报告称，'对妇女的施暴行为是世界上最常见的侵犯人权形式'。"美国司法部声称，"每12名女性中就有1人会在一生的某个时候被跟踪"。美国医学协会的研究结果称，"强暴和家暴正在破坏美国人的身心健康"；1995年，该协会报告称，"美国每年有超过70万名女性遭到强暴，相当于每45秒就有一人受害"。这些事实是指实际的身体攻击，还不包括司空见惯的精神虐待，这种虐待实际上已经成为男女关系中的一种公认准则，无论是在丈夫和妻子、父亲和女儿、兄弟和姐妹，还是男女朋友之间。

《我如何与你沟通？》的作者特伦斯·雷亚尔在该书"保持缄默的密约"一节中强调，这种文化不允许我们说出与男人的关系到底是怎样的真相。这种沉默代表了我们与父权制的集体文化勾结。为了忠于父权制，我们都被教导必须保守男人的秘密。雷亚尔指出，我们分享的基本秘密是我们将保持沉默："当女孩们在他们的教导下长大成人时，她们必须将心里话压在心底，保持沉默。女人避而不谈的真相到底是什么？答案简单到让人不寒而栗。女孩、女人——还有小男孩——都有这个共同点。没有人可以说出男人的真相。"有一个难以启齿的事实是，我们社会中各阶层和种族的人每天都在施暴——情感虐待。马蒂·塔姆·洛林在她的开创性著作《情感虐待》中解释说，情感虐待是"持续的过程，在这个过程中，一个人系统地削弱和摧毁另一个人的内在自我"。受害者的基本想法、感受、认知和个性特征不断被贬低……情感虐待最突出的特征是其模式化的方面，即……不断努力贬低和控制，构成了情感虐待。值得注意的是，家庭中的情感虐待不仅体现在夫妻关系上，还体现在家庭中每位成员之间的关系上。如果一个女人崇信父权制，这种情感虐待可以出现在一个没有成年男性的单亲家庭中。在许多家庭里，父权掌握在十几岁的男孩手中，他们在家肆无忌惮地虐待自己的单亲母亲；这同样属于男性对女性施暴。

当雷亚尔首次发难打破沉默时，他分享的故事来自家庭疗愈会议，他的客户透露父亲如何制定权力规则，使用羞辱、戒除、威胁等手段，如果所有这些手段都失败了，还会通过人身攻击来维持他的统治地位。在我的原生家庭，父亲经常反复向母亲咆哮："我要杀了你！"多年来，我的噩梦都是一位愤怒的父亲要么杀了妈妈，要么杀了想要保护妈妈的我。在我们家，爸爸并不总是火冒三丈，但他偶尔会发泄的强烈情绪，暴露的人身虐待倾向，也让每个人都感到压抑，心惊胆战，惶惶不可终日。爸爸通常冷峻、沉默而矜持，但在生气时，他就会唠叨个没完没了。

在我的成年生活中，曾经的两个伴侣都属于安静而矜持型，就像我的父亲和亲爱的外祖父。与外祖父不同（我从未见过外祖父生气，更不用说暴怒了），我选择的这两个伴侣，他们都时不时地需要通过权力规则来宣示支配地位。其中一位偶尔会有暴力行为，但他一直觉得这无关紧要，而且情感冷漠，无法亲近。我选择第二位作为长期生活伴侣的部分原因是，他是制止针对女性施暴的主要倡导者，但随着我们关系的发展，他开始时不时地在情感方面虐待我。也许他觉得我过于强势，这种感觉促使他挑战我们的关系，而伤害和打压我。令我震惊的是，这些过去的情景正在重演。

在很多自助读物中提到，女人会不自觉地重蹈覆辙，一再选择虐待她们的男人，并将其作为真相呈现出来。这些书很少谈论父权制或男性统治。他们几乎不承认人际关系不是一成不变的,并且会随着时间的推移而改变,随着环境的变化而不断做出调整。有些男人身上可能有消极和支配的种子,同时也有积极特质,他们在生活中的危急时刻可能会发现负面情绪正迅速增长。

我选择的这两位男人,就像我爱过的所有男人一样,他们在童年时都受到不同程度的情感忽视和冷落。他们不爱父亲,双方也并没有过真正的亲昵行为。从青年到成年,他们只是被动地接受了缺乏与父亲交流的事实。他们俩都认为,一切和解的努力都应由父亲向儿子提出。然而,当他们长大成人后,这两个人的行为开始与他们曾经谴责和憎恨的父亲不谋而合。通过对他们的长期观察,我发现他们在20多岁和30岁出头的时候都很叛逆,反对父权制,但随着与工作环境的进一步融合,他们开始更多地站在父权制的立场,而父权制是强大且成功的男人的标志。虽然他们在成长为"男人"的过程中缺少父亲的陪伴,但早期生活模式却在不知不觉中使他们重蹈父亲的覆辙。他们本可以通过有意识地努力获得改变,背叛支配者模式,使自己免受这种恶性循环的影响。

如果一个人不主动选择改变和挑战父权制,他就无法摆脱它的阴影。如果父权思想的种子在他的心灵生根发芽，那么最被动、最善良、最安静的人也会求助于暴力。女性描述的那些时而关爱他人、时而虐待他人的男性（如杰基尔博士和海德先生）身上的许多行为，其根源在于对这种父权思维的根深蒂固的忠诚。始于童年的耳濡目染和心理启蒙，要求男孩接受他们的施暴行为，使他们长成父权制思维的男子汉。实施暴力行为的意愿和实施具体的暴力行为这两者可以而且必须加以区分。研究约会强奸的研究人员采访了一群男大学生，发现他们中的许多人认为强迫女性进行性行为没有错，这让他们感到震惊。他们的发现似乎挑战了先前广为接受的观念，即强奸是男性不正常的行为。虽然这项研究中的男性过去不是或不可能成为强奸犯，但很明显，在他们认为适当时，他们可能认为自己有性暴力倾向。在不知不觉中，他们陷入了父权制思维，这种思维原谅了强奸，尽管他们可能永远不会实施强奸。

这是我们社会中大多数人想要否认的众所周知的父权制老规矩。每当女性思想家，尤其是女性主义的倡导者谈到普遍存在的男性暴力问题时，人们都渴望站出来，指出大多数男性并不暴力。他们拒绝承认，大量的男孩从出生起就被灌输一种观念：在某种程度上，他们必须在心理或身体上变得暴力,以证明他们是男人。特伦斯·雷亚尔称这种早期灌输的父权制思想是男孩的"正常的精神创伤"。

当我第一次开始关注性别问题时,我认为暴力是男童步入社会的孪生品。但在更详细地倾听男性和他们的家人倾诉之后,我逐渐相信暴力是少年在这种社会风气下普遍遇到的问题。我们"把男孩变成男人"的方式是通过伤害:研究告诉我们,我们过早地将他们与母亲分开。我们让他们远离自己的表达,远离自己的感受,远离对他人的敏感。"做个男人"这句话的意思是硬着头皮承受并坚持下去。分离不是传统阳刚之气的副产品,分离是阳刚之气。

无论一个男孩成长于双亲还是单亲家庭中,其家庭都会向男孩灌输这种思想。

通过传授一种支配者关系模式而使男性暴力持续存在,这种现象经过男人和女人渗透给男孩。父权制在接受其理论的女性中滋生了母性虐待狂。很多女性袖手旁观，眼睁睁地看着自己的儿子被父亲、兄弟等虐待，她们觉得这样做表明了她们效忠于父权制。难怪在亲密关系中，男性的愤怒矛头通常指向女性。这种关系显然会引发许多男性的恼怒，甚至是歇斯底里，因为他们在童年时，母亲没有保护他们，甚至以父权制的名义无情地切断了与他们的情感联系。

　　与神话传说相反，在强迫儿子遵守父权标准方面，单身母亲往往是最残忍的。坚持让她的男孩"做个男子汉"的单身母亲并不反对父权；她在行使父权意志。奥尔加·西尔弗斯坦在研究童年时观察到："在单亲家庭中，经常看到男孩成为母亲的'小男子汉'。""通常这些男孩都非常专横，对他们的母亲颐指气使，实际上，母亲会不可思议地模仿某种类型的丈夫，占有欲、保护欲和诱惑性交替出现。"无论是单亲家庭还是双亲家庭，被允许扮演"小家长"角色的男孩往往对母亲很暴力。他们的愿望得不到满足时，他们便会对母亲拳脚相加。显然，作为小男孩，他们没有力量去制服母亲，但很明显，他们认为使用暴力来满足他们的需求是可以接受的。而被男孩攻击的母亲觉察到打人是不对的时候，她们可能同时感到满足男性的需求是她们的本职工作，尤其是那些习惯于颐指气使的男性。

许多十几岁的少年对父权制下的母亲怀着强烈的蔑视和愤怒，因为他们明白在家庭以外的世界里，男性至上主义剥夺了她的一切权力；令他愤愤不平的是，母亲在家却对他颐指气使，他认为她在家的专制统治并不合法。因此，他可能会对母亲用心理恐怖主义的策略来鞭策他而感到愤怒，但又对使用类似策略的男性同伴或权威人士表示钦佩。在父权文化中，男孩很早就知道母亲的权威有限，她的权力仅出自对父权的维护和尊重。当她与成年男性合伙虐待她的儿子时，她（或后来象征性的母亲替代品）将成为他暴力的目标。

几年前，电视节目《无敌浩克》成为许多男孩的最爱。它的主角是一位性情温和的科学家，每当他怒火爆发时，就会变成一个巨大的绿色怪物。一位社会学家采访了一些男孩，询问他们对这部剧的最突出感受是什么，问他们如果有绿巨人的能力会怎么做。他们回答说，会"揍扁他们的妈妈"。女性主义理论家多萝西·迪纳斯坦在她开创性的作品《美人鱼和牛头怪》中强调了男孩以愤怒来反抗母亲的专制权力。像今天的许多女性主义研究者一样，她坚持认为，男性有必要参与抚育子女，以打破母亲作为全能妈妈的预设，而母亲是我们必须反抗的，在某些情况下甚至成为必须消灭的对象。

很明显，对父权制不满的母亲会将怒气发泄到儿子身上。她们可能会强迫儿子进入一段不适当的关系，在这种关系中，他必须为她提供成年男人所拒绝的情感联系，或者对他进行情感虐待，让儿子不断地受到贬低和羞辱。这些父权暴力行为强化了男孩对女性的暴力行为是适当的观念，就像是理直气壮地复仇。女性主义者对母性的理想化极难引起人们对母亲虐待的关注，即妇女对子女，特别是对男孩的暴力行为。然而，我们知道，不管这是统治文化中权力状态的结果，或仅仅是愤怒的体现，女性对儿童的暴力行为令人震惊。这一事实应该让每个人都质疑女性比男性更少暴力的性别差异理论。

在父权文化中，女性和男性一样，对她们可以掌控且自由支配的群体实施暴力；这一群体通常是儿童或更弱的女性。与男性暴力一样，女性对儿童的暴力大多以情感虐待的形式出现，尤其是言语虐待和羞辱，因此很难诉诸笔墨表达。然而，如果我们要了解成年男性对女性施暴的根源，就必须研究母亲虐待。在某种程度上，那些把女性视为更道德、更善良、更温柔的性别的改革派女性主义思想家阻碍了对母亲虐待的深入研究，阻碍了对父权社会中女性对男孩的暴力行为的深入研究。

在我们成长的家庭环境中,母亲显然发自内心地相信,男人应该起惩诫作用,应该是负责任的。当我们的父亲过度使用暴力时,她只是认为这是他的权利。许多认为男性有权主导的女性认为,她们不应该抵制男性对自己或孩子的暴力。毫不奇怪,这些妇女,包括我母亲,使用各种暴力方式来管教子女。她们害怕成为成年男子的发泄对象,所以希望自己的子女行为端正,以免引起父亲的愤怒。

有的母亲在儿子受到父亲或其他男性监护人伤害时采取不抵抗主义,在与她们的儿子交谈时,我发现,这些男性比其他男性更有可能把母亲理想化,把她们视为别无选择的受害者。虽然他们不会把愤怒的矛头指向母亲,而且往往无法考虑到母亲本可以采取行动保护他们的权利,但这些男人在与女性的亲密关系中本身就很暴力。他们的行为证实了特伦斯·雷亚尔的观点:"父权制的理论设计,爱、失落和暴力的不当融合,会造成极大的杀伤力,所到之处无人能幸免。"信奉父权制思想的母亲无法正确地爱自己的儿子,因为父权制总会要求她们牺牲自己的儿子。这一时刻通常出现在青春期,此时,许多有爱心和肯付出的母亲不再培养儿子的情商,因为担心这会使他们失去阳刚之气。由于无法应对情感联系的丧失，男孩们将这种痛苦内化，并用冷漠或愤怒来掩饰。

成年男性通常无法与他们选择的作为女友的女性培养亲密关系，随着多年的潜移默化，他们已经变得冷漠无情，心底再也激不起一点波澜，无法主动付出情感，因为担心会被深爱的人抛弃。如果他们深爱的第一个女人——母亲，不忠于她的爱情和亲情，那么他们怎么能相信他们的伴侣会忠实于爱呢。在他们的成年关系中，这些男人通常会一次又一次地试验，以验证他们伴侣的爱是真是假。如果被抛弃的青春期男孩想象他不能再接受母爱，因为他不值得，等他成年后，他可能会与人逢场作戏，但却要求他生命中的女人给予无条件的爱。这种考验并不能疗愈过去的创伤，只是重蹈过去的覆辙，因为最终女人会厌倦试探而结束这段关系，于是男人被抛弃的过程再次上演。这个戏剧性过程向许多男人证实了他们不能相信爱情。他们决定，最好将自己的信念建立在自信自强上。弗兰克·皮特曼在《男人本色》一书中谈到男人时说："虽然我们大多数人都渴望得到爱，但如果想当老板需要放弃爱，则控制者就愿意放弃爱。"当老板并不要求人的情感健康，能够付出和接受爱意。

自从我开始撰写关于爱的文章以来，我就以一种方式来定义它,这种方式将斯科特·派克关于爱是培养自己和他人的精神和情感成长的意愿的概念,与埃里克·弗罗姆关于爱是行动而不仅是感觉的见解融合起来。在与那些想了解爱的人合作时,我建议他们把它看作是关怀、承诺、理解、责任、尊重和信任的组合。我们大多数的关系都体现了这些方面中的一个或两个。父权制的男人接受了通过负责和传递情感的艺术教育。在我十几岁的时候,会抱怨爸爸在感情方面忽视和虐待我们,还时而对妈妈家暴,妈妈总是立即提醒我,他勤奋工作,养家糊口,几乎每晚都在家,仅仅因为这些表现,我们就应该尊重和崇敬他。男人经常把关爱和暴力混为一谈,这使得我们文化中的每个人都很难面对男性暴力严重阻碍了男性付出和接受情感的问题。

父权制要求男性最初的暴力行为不是以女性为目标。相反,父权制要求所有男性进行精神自残,要他们扼制自己的情感。如果一个人没有成功地在情感上伤害自己,他可能指望父权制的男人制定权力规则,而这些规矩会伤害他的自尊心。女性主义运动向男性和女性提供了挑战这种精神自残所需的信息,但这种挑战在争取男女性别平等方面从未产生深远的影响。女性要求男性在情感上付出更多,但大多数男性确实无法理解女性对他们提出的要求。在切断了自己细腻敏锐的情感反应的部分之后，他们就被彻底地孤立。如果他们没有首先恢复亲情关系，重新连接切断的部分，将无法在情感上更多付出，甚至无法领会问题。

在描述家庭疗愈的一对夫妇时，雷亚尔回忆起妻子希望丈夫所具备的品质："对他人敏感细腻，有能力识别和分享他的感受，积极以家庭为重，将自己的需求放在第二位。"雷亚尔指出，这些都是"大多数男孩（甚至在这个启蒙的时代）都被打上了烙印"的相同品质。他总结道：在我们的文化中，男孩和男人当前没有，也从来没有被培养出平易近人的品质。从男人那里寻求亲密关系的女性经常发现她们表达的渴望被忽视。许多男人对女性想要的情感联系的反应是顾虑退缩，或者粗暴拒绝。

情感自残，与外界脱节——虽然许多男人主动提出情感联系，但后来却用情感虐待破坏了这些联系。他们只是不明白爱和虐待是不能共存的。当电视节目、电影和其他多种流行文化都在传递这样的信息：只要一对夫妇间感情深厚，暴力就会爆发，他们为什么要明白这一点？让男人明白，当女人和儿童被虐待时，他们不会感到被爱，这是致力于结束男性暴力的团体的主要目标之一。女性主义倡导者凯·利·黑根的自传《好男人不会施暴》从她和一个她认为有虐待倾向的男人约会开始。她打电话给他最好的男性朋友，询问她是否应该忍受这种关系，她说："如果我对他是认真的，想让这段关系维系下去，就会很坎坷。我觉得我不应该临阵脱逃。""这位朋友直视着她的眼睛告诉她，凯，在一段爱情关系中，虐待是不可接受的。你不应该为了得到爱而忍受虐待。"

黑根以其特有的勇敢和极端的诚实分享了她"对爱和权力的理解在那一刻永远改变了"。她原以为情人的朋友会站在他那边："相反，他的反应是鼓励我爱自己，为自己的幸福负责，拒绝暴力，即使以最隐秘的形式。"黑根很幸运，很早就接受了这种智慧。大多数女性的命运截然不同，尤其是崇拜父权制无上权威的女性。和黑根最初的感受一样，这些女性觉得，选择和一个有父权思想的男人相伴，就自动地接受了某种程度的虐待，不管这种虐待是不是相对而言的。女性每天都坚持为男性的暴力和残忍辩解，她们认为性别差异导致了虐待，这种虐待行为是司空见惯的。单身的异性恋女性想要和男性相伴，她们觉得自己摆脱不了厄运，仍会时不时受到男性伴侣的情感或身体虐待。女性在爱情关系中对男性暴力的集体接受（即使是表面接受，实际上是反感、愤怒或彻头彻尾的恐惧），也加大了挑战和改变男性暴力的难度。

当和我同居的这位看似温良的教授从精神虐待转向肢体暴力时，我觉得我应该理解和宽恕他。和我一样，他也成长于一个非正常的家庭。然而，即使接受了治疗，即使停止了人身攻击，他也从未真正意识到自己的行为是错误的。他和许多有暴力倾向的人一样，认为我应该为他的恶劣行径负责。在唐纳德·达顿对暴力男性的研究中，他认为女性看到男性面具背后的真相是男性暴力的催化剂：

他可能会立即道歉并感到羞愧，但他无法维持这种情绪；这太痛苦了，太让人想起隐藏已久的伤害。所以他把这种恶劣行径归咎于她。如果这种情况反复发生在多个女人身上，他就会从责怪她扩大到责怪她们。他的个人缺点被日益加重的厌女症所合理化。在这一点上，虐待行为是硬性规定的系统。男人被编入了亲密暴力的程序。

通常情况下，那些在童年时情感被忽视并被霸道的母亲虐待的男人与自信的女人结合，只能让他们童年时被无视的感觉凸显出来。虽然他们不能"揍扁妈妈"，还依然会得到她的爱，但他们发现，可以与那些对他们的行为作出反应的伴侣行使亲密的暴力，即更努力地与他们建立情感联系，希望现在所拥有的爱能愈合过去的创伤。如果亲密关系中只有一方努力营造爱，营造情感连接的空间，那么支配者的模式仍然存在，这种关系只能成为持续的权力较量的场所。

和有情感虐待或暴力倾向的男人保持长期关系的女性，通常最终会关闭自己的心门。她们不再试图营造爱的空间。她们之所以通常还会停留在这些关系中，是因为根植于她们体验的犬儒哲学肯定了大多数男人在情感上是压抑的，所以她们无法与任何男人发展一段爱的关系。当我想离开我的第一位长期伴侣时，他一直在感情上虐待我，偶尔还打我，是其他女人（我的母亲、亲密的朋友、熟人）提醒我结束这段关系，我已经足够幸运，离开他，宣示我的自爱与自立的态度，我从未后悔过。然而，我发现，那些告诫我大多数男人是什么样的女人的观察是相当准确的。

与我共同生活了近 15 年的男人表现出父权制的阳刚之气和另类阳刚之气的混合。我们是在女性主义运动鼎盛时期认识的，他愿意为创造性别平等而努力。正如今天的大多数男人一样，对他来说，他愿意接受同工同酬，愿意分担家务，分享生育权利，但是在接纳情感培养的方面却有一定难度。对男人来说，培养情感的工作更加艰巨，因为这项工作需要个人有情感意识，能理解他人。父权制奖励男人与他们的感觉脱节。无论是参与对妇女、儿童或弱者的暴力行为，还是参与社会认可的战争暴力，男人如果没有感情，就能更好地满足父权制的要求。富有同情心的男人常常发现自己与其他男人格格不入。

这种对孤立的恐惧往往成为阻止男性在情感上变得更自觉的机制。

如果美国的大量年轻人反抗父权制，反对越战，多数人就会更关心正义公平，许多人不想参与杀戮，但仅仅出于求生的本能。反对战争，反对点燃战火的帝国主义，加剧了这些年轻人对帝国主义的、白人至上的资本主义父权制的抵触情绪。他们因选择立场而遭受苦痛，他们被其他男人嘲笑，往往被视为叛徒。在过去的几十年里，大众媒体制作了针对男孩的多部电影，美化战争（《拯救大兵瑞恩》《独立日》《黑衣人》《黑鹰坠落》《珍珠港》等），再次让人觉得为一个你可能理解、也可能不理解的事业而客死他乡，是一种英雄壮举。这些电影是父权制反女性主义抵制行动的一部分。它们美化了开明的妇女和男性所批判的父权制的阳刚之气。它们作为宣传品，俘获了男孩的心和想象力。像冈斯特音乐一样，它们赞美男性各方面的暴力行为，包括对妇女的控制。

保守派大众媒体每天都提供父权制教育学的课程；他们教导男孩，必须怎么做才能成为男子汉。在那些开明的父亲每天都在努力否定暴力的家庭中，电视节目重申了暴力的重要性，使某些自寻死路的行为变得富于刺激，同时令男人血脉贲张。贫穷的工人阶级的男孩和成年男子往往体现了最糟糕的父权制阳刚之气，他们采取暴力行动，因为这是最简单、最便捷的方式来宣示自己的"阳刚之气"。如果你不能通过成为总统、富翁、公共领袖或老板来证明你是一个"男子汉"，那么暴力就是你闯入父权制阳刚之气比赛的门票，而你施暴的能力确定了标示着比赛场地的级别。在这个暴力的战场上，任何男人都能够获胜。

在父权制条件下获胜的男人最终会在他们的现实生活中一败涂地。他们选择了父权制的阳刚之气，而不是爱的联系，先放弃了自爱，然后放弃了付出和得到爱，这样将使他们与他人隔绝了起来。女性主义研究人员早已揭露了我们社会中普遍存在的家暴行为。然而，自曝光以来，针对妇女的暴力并没有减少，在某些情况下，甚至还有增无减。反女性主义的学者们试图将男性暴力的愈演愈烈归咎于妇女的更大程度的平等。然而，大多数对家庭生活的研究表明，在这一领域，性别关系并没有经历任何重大的变革。社会学家阿列霍克希尔德提供的重要数据表明，家庭中的男性至上现象仍然很严重；妇女在外工作，但在家里还得承担绝大部分家务。当然，在女权运动之前，那些内心暗暗地厌恶女人的男人，随着运动的发展，觉得更有资格公开宣泄他们的愤怒，而且其愤怒已经表露无遗。

男性暴力普遍加剧，并非因为女权运动的成果为女性创造了更大的自由，而是因为赞同父权制的男性在此过程中发现，父权制对权力和统治的承诺并不容易实现，而在那些偶尔实现的情况下，男性发现自己在情感上受到冷落，原本应该满足的父权制的阳刚之气并没有得到满足。而当这种意识出现时，大多数父权制的男人都被孤立和疏远；他们无法回到过去，重获过去的幸福或快乐，也无法继续向前。要向前走，他们需要摒弃他们的身份所基于的父权制思维。

愤怒是回到感觉世界的简便方法，它可以作为完美的掩体，掩盖恐惧和失败的感觉。

我的父母至今已结婚 50 多年了。我父亲从来没有放弃过他的父权地位，母亲也从未挑战过这种地位。然而，由于坚持父权思想，他们失去了和睦相处的机会。暴力、情感虐待的威胁始终存在，妨碍亲密关系的培养，使他们无法原谅对方，无法从头再来。可悲的是，他们被困在父权制的泥坑里，而这里依然是日常暴力的滋生地，这种微妙、亲密的恐怖主义加剧了怨气，断绝了了解快乐的可能性。

对于男性来说，不管年轻还是年老，拒绝父权制的男性特征的准则是不容易的。选择反对暴力的男人同时也在选择反对父权制，无论他们是否明确表达这种选择。社会学家、加利福尼亚大学圣克鲁兹分校教授、澳大利亚悉尼大学教育和社会工作学院讲席教授 R. W. 康奈尔在他富有洞察力的文章"男人的性别政治"中，呼吁注意这样一个事实：反对父权制的男人与他们所处的世界依然格格不入。

试图赞同和支持女性主义理论的男人，都不会一帆风顺。他们可能会受到其他男人和一些女人的嘲笑。女性鄙视敏感的新时代年轻人，这几乎是新闻界的老生常谈。他们不一定会得到女性主义女性的热情支持。

归根结底，那些选择反对暴力、反对死亡的男人这样做是因为他们想活得充实和美好，因为他们想了解爱。这些人是真正的英雄，是我们需要了解、尊重和记住其生活的人。

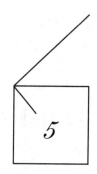

5

工作和爱情是什么关系？

在女权运动之前，男孩在家庭和学校里接受的教育都是他们的满足感就隐藏在工作中。如今，男孩获得的信息略有改变。他们所接受的教育是金钱能带来满足感，工作是获取金钱的一种途径，但不是唯一的途径。买彩票中大奖、觅得富裕的配偶，或者通过不法手段一夜暴富，都是获得成就感的捷径，和工作一样可以接受。随着资本主义制度对工作性质的改变，父权制社会中关于工作性质的态度也发生了变化。无论是现在，还是将来，只有少数人能指望一生都会有个稳定的工作。当今各阶层的劳动者都会经历失业。为了坚守信念，父权制的文化不得不为男人设置不同的标准来判断他们的价值，而不是单纯地评判工作。

作为父权制自尊的首要基础，工作在一段时间内对多数男性而言无所谓。与其抛弃整个过时的父权制规则，以便改变我们文化中的工作性质，不如帮助男人养成某种嗜好，使不满意的工作变得更容易忍受。商业社会大力宣传父权制对情色的迷恋和它的副产品，以在潜移默化中抚慰男人，因为他们所从事的工作是乏味枯燥的，并常常缺乏人性，甚至威胁着他们的健康和福祉。美国的大多数男工和女工一样，工作都是为资本家效力，受着资本家的剥削；他们所做的工作和低等人的身份往往会损害其自尊心。

近年来，取得一定进展的反女性主义的父权主义观点是：大量的男性过去曾经满足于从事无意义的劳动来履行他们作为养家者的职责，而女性主义者坚持争取劳动力的性别平等，从而引起了男性的不满。这种假设基于以下观念：妇女进入劳动力市场，不再指望她们生活中的另一半——男性，是家庭的唯一养家者，这似乎损害了父权制的文化中男性的福祉。然而，在女权运动之前，关于男性工作的社会学研究表明，男性已经对工作的性质和生活的意义表示了严重的不满，并导致抑郁。当男性工作者将他们对工作领域的不满归咎于女权运动时,这种不满并没有受到重视。

美国记者和女性主义者苏珊·法鲁迪在她的长篇写实作品《困境:男性的背叛》中记录了这样一个现实:一些男性,尤其是年长的男性,认为工作价值和性质的变化,以及与女性在工作上的竞争,剥夺了他们作为养家者的自豪感,导致了她所谓的"阳刚之气危机"。

阳刚之气危机的外在表现,即男性经济能力的下降,在 20 世纪 90 年代初的经济衰退潮中最为明显,因为失业的破坏力越来越大。在公司合并和裁员期间,经济萧条把许多男人赶到了变幻莫测的就业市场,家庭经济支柱的角色显然受到了动摇。即使是那些从未被解雇的男人,也时常担心自己随时都有可能被解雇——他们作为养家者的立足点是极其不稳固的。

在我们的文化中,大量的男性可能认为他们供养自己

和家人的能力是衡量其阳刚之气的标准，但他们往往没有真正利用自己的资源来供养他人。

女性主义理论家，包括我自己，一段时间以来一直在呼吁人们注意以下事实，即那些赚钱却拒绝支付赡养费或抚养费的男人，或者那些作为户主却将工资用于个人挥霍享乐的人，他们的行为挑战了父权制的一贯主张，即男人渴望成为照管人和养家者。洛克菲勒大学细胞生物学博士、美国畅销书作家、女性主义者和政治活动家芭芭拉·艾伦瑞克的《男人心》是第一批强调现实的图书之一，许多男人并不渴望成为养家者，"寻欢作乐花花公子"的想法本身就源于对摆脱这一角色的渴望，以及以其他方式证明自己阳刚之气的渴望。男户主如果将极少部分工资用于家庭的需要，他们仍然会误以为自己就是养家者。今天的妇女也有收入，她们的收入可以资助许多父权制男人用于各种不良嗜好的挥霍，即使这些男人口头上自称为养家者。

今天的男性工人正在努力满足自己的衣食住行需求。如果他在养活自己和家人，奋斗的干劲就会格外高涨，对失败的畏惧就会更为强烈。在当今社会发横财，并且不是依靠个人长时间工作勤奋打拼的富人，他们大部分时间都远离亲人的陪伴。这是他们与那些挣钱不多但工作时间同样长的男人的共同点。对大多数男人来说，工作妨碍了他们的爱情，因为他们的长时间工作往往耗尽了精力；几乎没有时间用于情感方面的付出，或用于从事与爱有关的活动。在美国，人们很少谈论投入工作与爱人相处之间的冲突。在父权制的文化中，人们单纯地认为男人愿意牺牲有意义的情感联系来履行职务。没有人真正尝试去研究男性对于失去与子女、伴侣、所爱之人相伴的时间，以及失去自我发展的时间的感受。苏珊·法鲁迪在《困境：男性的背叛》一书中强调，那些工人并没有对缺乏足够的时间进行自我反思，也没有对与自我和他人的情感联系表示担忧。

很少有研究表明对工作性质的失望会导致男性在家庭生活中采取暴力行为的程度。当代父权制为生活不如意的男性工人提供了一个交换条件：被经济萧条夺走的阳刚之气可以通过支配和使唤女人得到补偿。当这个意图没有得到满足时，男性就会愤怒。实际上，女性对男性的支配地位感到厌倦，而男性以此获得他们在工作中得不到的满足，并不是为了求得更大的"家庭幸福"，其结果只是加剧了争斗。大批妇女进入劳动力市场，并没有在经济上削弱男工的经济地位；他们依然可以找到工作，挣到应得的那份工资。妇女就业使职业女性增强了妇女抗衡男人统治地位的能力，她们再也不必待在家里依靠男人的工资生存。

我曾采访过的工薪阶层和中等收入的妇女谈到，在多年在家担任全职主妇之后，外出工作在一定程度上提升了她们的自尊，并使她们对两性关系产生了新的认识。这些妇女往往对配偶和恋人有了更多的要求，期望与他们有更多的情感互动。面对这些要求，职场男人时常希望妻子留在家里，这样他就可以成为家庭的绝对权威，不管他的薪水高低。在多数情况下，如果一个女人的薪水高于她的男性伴侣，他就会采取行动来保住他的统治地位。他可能会要走她的薪水，并肆意消费，从而使她成为依赖他人生活的人。他可能会提高对情感的要求，如果没有达到其要求，他可能表现粗暴，从而使渴望情感的职业女性感到自己的权利遭受践踏。

大多数长时间工作的女性下班回家后，还要操持家务，承担烦琐的家务劳动。她们觉得，就像她们的男性配偶一样，没有时间在情感上付出，没有时间分享心得，用感情滋润他人。像她们的男性配偶一样，她们可能只想休息。职业妇女比其他妇女更容易暴躁；与那些整天待在家里的少数妇女相比，她们更不愿意轻易地迎合他人的需要，她们可能会照顾子女，也可能会拒绝。男性至上主义要求所有的情感关爱都应来自女性，因此职业女性的家庭当然会受到影响，而现实是，职场女性和她们的男同事一样，回家后通常过于劳累，无法再在情感上付出。男性至上的男人和女人认为，解决这种困境的方法不是鼓励男人分担情感关爱的工作，而是恢复更严格的男性至上的性别角色。他们希望更多的妇女，特别是那些有孩子的妇女，在家做全职家庭主妇。

当然，他们并不评论使所有成年人都必须外出工作的经济状况；相反，他们假装，是女性主义使妇女加入劳动力大军。大多数妇女工作是因为她们的家庭需要收入来维系，而不是因为她们是女性主义者，而工作是解放的标志。如果个别男人留在家里做家务和带孩子，这种安排就会被大多数观察家视为"违背天性"。男人做家务，不被视为其婚姻关系中的分内事，而是被看作格外重感情，讲情义的，是为了在家里做女人的事而牺牲了他们作为有特权的男性在家庭之外应享有的权利和地位。

正是通过积极参与育儿工作，个别男性敢于质疑男性至上的假设，帮忙做家务活，也促使他们学着培养亲情关系的技能。他们记录了女性主义理论的正义性，该理论认为如果男性平等地分担照顾子女的任务，他们就会像女性一样，学会满足他人的需要，包括情感需要。尽管在某种程度上目前积极参与操持家务的男性比历史上任何时候都多，但绝大多数男性仍然拒绝在孩子的情感成长中发挥同等作用。他们经常以工作为借口，在情感上疏远子女。无论他们认为自己是支持还是反对女性主义，大多数女性都希望男性在亲情关系上付出更多。而大多数男性，甚至那些全身心支持劳动力性别平等的人，仍然认为情感方面的付出是女人的分内事。大多数男人继续秉承男性至上的法宝，即情感在工作领域没有位置，家庭中的情感付出应该由女性完成。

许多男人把工作当作逃避自我、逃离情感意识的地方，在工作中他们可以忘却自我，麻木不仁地机械行事。从情感的角度看失业，失业很可怕，因为它意味着闲暇时间的增多，而父权制的文化中的大多数男人都不希望自己有闲暇时间。维克多·塞德勒在《重新发现阳刚之气》中表达了他对闲暇时间的恐惧，他承认："我知道自己闲起来多么可怕，即使每天只闲起来一个小时。总有一些我该做的事情。一想到要花更多时间独处，我就会感到恐慌和焦虑。"他认为大多数男人自我意识有限,因而他们不确定自己是否拥有"我们可能想要联系的自我"。他还认为,"我们似乎只知道'自我'是必须严格控制的东西,因为它可能会打乱我们的计划。我们从来没有真正找机会和时间去充分了解自己,或者与自己更好地沟通,因为……所有这些都威胁到从小到大一直认同的阳刚之气的'控制'。我们感到受困于这个观念,尽管不知道应当怎样不断地为自己再造这个枷锁"。在工作场所与其他男性的竞争会使男性更难于表达感情或独自休闲。在工作场所寻求独处的男性,特别是在休息时间,会被视为格格不入的可疑分子。然而,当男性因为工作而聚集在一起时,他们很少进行有意义的谈话。他们之间的交流或嘲弄讥讽,或哗众取宠,或互相打闹,但绝不分享感情。他们以一种固定的、千篇一律的方式进行交流,小心翼翼地保持在父权制关于男性特征的思维所设定的情感界限之内。父权制男人的规则提醒他们,作为男人,有责任拒绝亲情。

美国著名的商业领袖、管理寓言的鼻祖、当代管理大师、情景领导理论的创始人之一、《一分钟经理人》的作者和《道德管理法则的力量》的作者之一肯尼思·布兰查德,作为男性工作者分享了他的智慧,即男性应该培养人际关系技巧，以改善工作性质和工作关系。在大多数工作环境中，员工之间，尤其是上司和下属之间的情感接触被认为不利于工作。但如果有更多的男性了解自己的人际关系技巧和情感能力，他们选择的工作至少有时会增加幸福感。

尽管像苏珊·法鲁迪或苏珊·波尔多这样拥有"等级特权"的女性在谈到男性时，对大多数男性认为自己没有权力表示惊讶，但那些成长于贫穷的工人阶级家庭中的女性总是敏锐地意识到她们生活中的男性情感痛苦和对工作的不满。如果苏珊·法鲁迪读了有色人种女性主义者写的关于我们最熟悉的贫穷的工人阶级男人的作品，她就不会"惊讶"于发现大量男人的困扰和不满。拥有"等级特权"的妇女一直是单一的群体，她们延续了男人是全能的概念，因为她们家庭中的男人多数是掌权的。当法鲁迪批评流行的父权主义观念时，她预计读者对女性主义作品的无知会延续女性主义者不理解男性痛苦的说法，宣传这种不准确的人物描写证明了她的论点。

在法鲁迪构思《困境：男性的背叛》之前，有远见的女性主义者就写过工人阶级的男人（远未感到强大），被父权制狠狠伤害，很难想象她没有留意这些文章。她的表现似乎并不真诚，好像妇女为面对她们的"难以名状的问题"而发

动的解放运动针对的是各个阶层的妇女。女权运动对广大
工人阶级妇女的影响很小,她们在运动之前就已经踏上工
作岗位,而且始终坚持工作,和她们的男性伴侣一样对自己
的命运感到愤愤不平。贫穷的工薪阶层妇女一直清楚,日
常的工作体验将男性置于一个无能为力的处境中,而且他
们无法用父权制的术语来表达;用法鲁迪的话来说,他们感
到"阳刚之气不足"。

正如女性主义运动成果主要对拥有等级特权的妇女产
生了积极影响,同样,那些在父权制的框架内被允许重新配
置工作性质的"职场"男人往往拥有阶级权力。20 世纪 80
年代末和 90 年代初的部分流行电影描绘了有权势的男人
因为疾病或危机评估他们的生活,并选择在工作性质上做
出深刻的改变。在知名的电影《爱在屋檐下》中,一个被降
薪的白人男性建筑师辞职了,他发现自己得了癌症,时日无
多,他深刻反省了父权制的观点,当然没有使用那个词。在
评估自己的人生时,他选择利用剩下的几个月时间与家人,
特别是他十几岁的儿子,以及朋友建立情感联系。他把时
间花在学习如何付出和得到爱之上。他前妻的富商丈夫受
这位垂死之人的启发,重新思考自己的生活性质,决定减少
工作时间,把更多时间用于与家人相处。这部电影和它的

先驱一样，明确指出，职场男人要想成为感情细腻的人，就必须抽出时间来面对自己的情感。

闻名遐迩的奥斯卡获奖电影《美国丽人》中，主人公莱斯特·伯纳姆对他的生活、工作、婚姻和家庭感到沮丧，他已失去了感受能力。他不再认真对待工作，开始思考自己的情感，然而他无法挽回自己的生命。他也离开了人世，就像《爱在屋檐下》中的主人公一样。这些电影用成长过程中的男人形象来诱惑观众，但随后他们却背叛了自己的角色和我们，因为他们从未让这些男人活下去。它们反映父权制的内容，即如果一个男人停止工作，他就失去了生活的理由。维克多·塞德勒在《重新发现阳刚之气》一书中指出，用工作来定义自我的男性这样做，因为"这是传统上唯一可以赋予我们的身份……相信我们仍然可以通过显示我们不需要别人的任何东西来证明我们的阳刚之气"。在《美国丽人》中，莱斯特独自承受着痛苦。他对自己感情的批判性研究是在头脑中展开的。而他无法在如此绝对的脆弱和孤立中生存。最终，这部电影向男性观众传递了这样的信息：如果男人学会了爱，他们就不会被赋予真正意义上的能力。《美国丽人》最终告诉观众，那些愿意批判地反思自己生活的抑郁男人是看不到希望的。它告诉我们，即使男人愿意改变,在父权制的文化中也没有他们的位置。影片的开场白说明了一切:"我名叫莱斯特·伯纳姆,今年42岁。一年内我就会死掉。当然,我对此还一无所知。不管怎么说,我已经离开了人世。"流行文化很少或根本不为我们塑造救赎性的男人形象,他们一开始就陷于情感死亡。与睡美人不同,他们无法起死回生。实际上,个别男人每天都在从事恢复情感的工作,但这项工作并不容易,因为他们在父权制的文化中缺乏支持系统,特别是如果他们的身份是贫穷的工人阶级。而且,表现男人拒绝父权制并找到自己生活方向的《爱在屋檐下》并不像《美国丽人》那样成功,这并非偶然。

贫穷的工人阶级的男人因工作而抑郁,对他们的生活感到绝望,有一种孤独或失落感,他们往往滥用药物来缓解痛苦。当他们开始寻求疗愈时,不良嗜好者互助组织是他们可以选择的少数地方之一。在疗愈小组中,他们首先学会了直面自己的感受,这一点很重要,他们有权说出这些感受。不良嗜好者互助组织的成功是与一个事实联系在一起的,即疗愈的完成是在社群背景下实现的。在此背景下,男性可以尽情表达因失败产生的羞愧感,从而体现男性对疗愈的渴望。有超前意识的男性疗愈师,约翰·布拉德肖等人在这些环境中发现了疗愈的方法。我采访过的那些在康复中找到情感慰藉的工人阶级男性，他们分享说，参与这项从根本上来说是反父权的活动，逃离这种环境，重新进入父权文化，是非常困难的。一名男子谈到，他的女性伴侣对他愿意流露感情、讲述自己的故事非常反感；在她看来，这是一种软弱。她坚持认为，现在他已经觉悟了，不需要再"表达这些感受"。

尽管性别角色的性质发生了变化，但我们的文化仍然是一种父权制的文化，男性至上主宰着一切。如果不是这样的话，男人可以把失业看作是休假，那时他们可以做自我实现的工作，可以进行自我疗愈。在我们的文化中，许多职场男性几乎不能阅读或写作。想象一下，如果将工作以外的时间用来为贫困的工人阶级的男人设立激动人心的扫盲项目，做这种自我发展的工作还可以有薪水。当父权制不再主宰一切时，男人就有可能全面地看待自己，将工作视为生活的一部分，而不是他们的全部。在《爱与生存：亲密关系的医疗作用》中，健康医疗顾问迪恩·奥尼希分享了他个人为减少工作、为自我实现腾出时间而进行的斗争，提出了如下见解：

如果工作背后的意图是寻求认可和权力——"嘿,看看我,我很特别,我很重要,我值得你爱恋和尊重"——那么你就是把自己与他人区分开来,作为一种试图与他们联系的方式。将自己与他人区分开来,作为试图感知与他们建立友情的一种方式:这似乎很清楚为什么这是自我否定的,但它往往是我们文化中的常态……当我的自我价值被定义为我所做的事情时,那么我就必须抓住每一个重要的契机,即使关系受到影响。

当他开始选择更全方位的生活时,奥尼什就能够改变这种对工作的思考。

美国畅销书作家盖尔·希伊的《理解男人的通道》引用了男人们的自传,他们所从事的工作正令他们陷入严重的抑郁和不快当中,他们正在努力克服这些不良情绪。这些男人努力选择他们的情感幸福而不是薪水,不是他们自己作为养家者的形象。作者回忆说:"我面临着两难选择。其一,坚守目前的工作,我感到窒息、抑郁、生不如死;其二，如果辞职，就要面对财务崩溃的可能。"他承认，对工作的不满已经破坏了家庭的幸福感："我们家是个不快乐的地方。而且，如果我继续从事以前的工作，我的不快就会蔓延到家庭关系当中。"作者勇敢地做出选择，离开令他不快的工作，转而开始另一份他喜欢的工作——写一本环球旅行见闻的书，写一个关于流行园艺的专栏——都是提高他的自我意识、实现自我的工作。他诚实地描绘了自己在突破否定自我过程中的恐惧，为许多男人树立了榜样，在这个每天都告诉他们，内在自我并不重要的世界里，学会正确地尊重内心。

奥尼什大胆宣布，要打破多年来统治他思想的父权制价值观是多么困难。他分享说，亲密关系的体验是一种疗愈："我逐渐懂得，我们生存的关键是爱。当我们爱一个人并感到被他们所爱时，我们的痛苦就会不知不觉地变淡，最深的伤口也开始愈合，安全感立即提升，可以暴露自己的弱点，使自己心胸更加开阔。我们开始体验自己和周围人的情感。"想象一下，在一种非父权制的文化中，男人们可以找到最适合的工作，他们可以快乐地工作。想象一下，在工作环境中，工人可以参加关系疗愈的课程，他们可以与其他工人交心，建立一个团结一致的社群，即使不能改变劳动本身的艰巨性和压抑性，至少可以使工作场所变得更容易忍受。想象一下，在这样一个环境里，因任何原因而失业的男人可以学习充分调动自我积极性的方法。女性会发现，离开家庭的孤寂环境，到一个公共环境中工作，可以增加她们的充实感，即使工资低而且受到工作的种种束缚（正如一些女性主义思想家天真地以为的那样）。如果男性效仿这个例子，把工作场所作为改善关系技能的环境，组成社群，那么围绕工作的男性危机就能得到更有效的解决。

许多从工作岗位上退休的男性，尤其是我们文化中 60 岁以上的男性，往往觉得衰老使他们摆脱了父权制。有了时间，他们往往被极端的孤独、疏远、意义危机或其他情况所迫，不得不培养情感上的自我。他们是可以教训年轻一代男性的长者，揭穿父权制的工作神话；这些声音应该有更多人听到。他们是告诫年轻男性的声音，"不要等到你的生命接近尾声时才去寻找你的感觉，去追随你的心。不要等到为时已晚"。工作可以而且应该为所有男性提供改善生活的机会。当精神抖擞的男人怀着付出和接受爱之心来工作时，工作的性质就会发生变化，工作场所将不再需要那些满腹牢骚的男人。

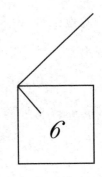

女性主义的阳刚之气

假如大多数男人说你是女性主义者，你就会自动被视为敌人。你有可能被看作是一个讨厌男人的女人。大多数年轻女性担心，如果她们自称为女性主义者，就会失去男性的青睐，无法赢得男性的爱情。关于女权运动对男性生活的影响，流行的观点是，女性主义伤害了男性。保守的反女性主义妇女和男性坚持认为，女性主义正在破坏家庭生活。他们主张，职场妇女使得家庭失去了家庭主妇，孩子们失去了母亲的照顾。然而，他们始终忽略了是资本主义的消费文化，而不是女性主义，将女性推向了劳动力市场，并使她们留在那里。

当女性主义妇女告诉世界，父权制助长了对女性的仇恨时，人们的反应是，女性主义者过于极端，夸大了这个问题。然而，当那些对女性主义一无所知的男人声称女性主义者仇视男人时，却没有人回应说他们太极端了。女性主义者没有因殴打男人而几次三番地入狱；没有被指控不断对小女孩进行性骚扰，包括打造以小女孩为主角的儿童色情世界。然而，就是男人的这些行为，导致不少女性主义妇女认定男人是憎恨女人的。

虽然并非所有男人都厌恶女人，但当我们说父权制以其最基本的、未加干预的形式促进对女性的恐惧和仇恨时，女性主义思想家是准确的。一个不惧窘迫、毫不含糊地致力于父权制阳刚之气的男人，会同时恐惧和厌恶文化中认为是女性的一切。然而，大多数男人并没有有意识地选择父权制作为支配生活、信仰和行动的意识形态。父权制的文化是他们从出生到踏入社会时就接受的观念，然而在生活的各个领域，大多数男人都小心翼翼地反抗父权制，抵制对父权制思维和行为的绝对忠诚。父权制如果妨碍了个人欲望，大多数男人显然愿意抵制父权制，但他们不愿意接受女性主义，认为它是一场挑战、改变并最终结束父权制的运动。

女性主义运动从一开始就通过大众媒体向大多数男性

展示了反男性的一面。的确，当代女权运动中存在着严重的反男性派别。尽管憎恨男人的女性在妇女解放运动者中只占少数，但却引起了聚焦式的关注。男人对女人不够关心，他们热衷于通过支配的实际行动，事实上为女性主义者的对抗营造了文化背景。在我之前出版的《写给所有人的女性主义》一书中的"女性主义的阳刚之气"一章中，我认为：

个别妇女因为男人在两性关系中冷漠、暴躁、极端、不忠而奋起抗争。这些男人中有许多是激进的思想家，他们参与了正义的社会运动，为工人或穷人伸张正义，为种族正义发声。然而，当涉及性别问题时，他们和保守派的同伙一样，都是男性至上主义者。来自这种家庭的个别妇女感到非常气愤，并将这种气愤作为妇女解放运动的催化剂。随着运动的发展，女性主义思想的深入，开明的女性主义活动家发现，男人不是问题，问题是父权制、男性至上和男性统治。

对于致力于女性主义变革的妇女来说，要面对的问题不仅在于男人这一现实是很难改变的；面对这一现实需要更复杂的理论研究；需要承认妇女在维持和延续父权制和性别主义方面所扮演的角色。随着越来越多的妇女摆脱了与男性的毁灭性关系，人们更容易看到整个图景。人们更容易看到，即使个别男人摆脱了父权制的特权，父权制、男性至上和父权文化的体系仍将完好无损，妇女仍将遭受剥削和压迫。尽管女性主义标准发生了这种变化，但那些从未反对过男性的有远见的女性主义思想家，过去不曾现在也未得到大众媒体的关注。因此，女性主义者讨厌男人的流行观念继续盛行。

我遇到的绝大多数女性主义者并不讨厌男人。她们为男人感到遗憾，因为她们看到了父权制是如何伤害他们的，而男人却仍然固执奉行父权制的文化，从来没有为缓解男性的痛苦而坚持做出不懈的努力。时至今日，我听到个别女性主义者表达了她们对父权制下男性困境的关注，她们还表示不愿意付出精力来帮助引导和改变男性。女性主义作家米妮·布鲁斯·普拉特明确指出了这一立场："男人怎样才会做出改变？两人会面时，其中一个人反对另一个人，是改变的重点。但我不想要这种个人接触。我不想这样做……当人们谈到不要将我们的精力浪费在男人身上，我同意……他们必须自我救赎。"这些态度，加上大多数男人对女性主义思想的消极态度，意味着从来没有一个集体的、肯定的呼吁，要求男孩和男人参与女性主义运动，以便他们从父权制中获得解放。

改革派女性主义者不能发出这样的呼吁，因为她们是首倡所有男人都掌权的想法的那群女人（大多数是有阶级特权的白人妇女）。对这些女性来说，女性主义解放更多的是为了获得她们的那份权利，而不是为了把广大妇女或能力低下的男人从男性至上的压迫中解放出来。她们并不对那些有权有势的父亲和丈夫感到愤怒，因为他们让贫穷的男人受到剥削和压迫；她们只是对自己没有被赋予平等的权利感到愤怒。现在，这些妇女中的许多人已经赢得了权利，特别是在经济上与她们阶层的男人平等，她们对女性主义几乎失去了兴趣。

随着对女性主义理论和实践的兴趣减弱，对男性困境的关注甚至比女性主义运动的鼎盛时期还要少。缺乏关注并未改变的事实是：只有信奉和接受阳刚之气的女性主义愿景（热爱男孩和男人并代表他们要求我们身为女孩和女人所渴望的每一项权利），才能在我们的社会中推动男人的进化。女性主义思想教导我们所有人，特别是男性，如何以促进和肯定生命的方式热爱正义和自由。显然，我们需要新的策略、理论和指导，告诉我们如何创造一个有利于培养女性主义阳刚之气的世界。

可悲的是，最近的女性主义著作中，关于男性的文章很少能做到易于理解、简明扼要。从女性主义的角度来看，几乎没有什么著作是专门针对男孩的。让男孩知道如何构建一个不以男性至上为根基的身份，这样直接针对男孩的女性主义作品也不多。没有多少女性主义儿童文学作品可以作为父权制观点的替代，而父权制观点已经无孔不入地渗透到各类儿童读物中。我们许多人在成人生活中认为理所当然的性别平等，特别是我们这些享受过等级特权和精英教育的人，几乎没有出现在儿童读物或公共和私人教育世界中。儿童的教师认为性别平等主要是指确保女孩在现有的社会结构中获得与男孩平等的权利；他们认为没有给予男孩与女孩相同的权利。例如，选择不参与攻击性或暴力游戏的权利，玩洋娃娃的权利，打扮的权利，穿任何特色的服装的权利。

正如改革派女性主义思想家把自由看作是妇女可以像父权制男人一样强大有力，是一种误导（拥有等级特权的女性主义妇女从未提出，她们希望自己的命运像贫穷的工人阶级的男人一样）。因此，想象被解放的男人会简单地变成一个身着女装的女人，也是一种过分的天真。然而，这就是主流女性主义思想为男人提供的自由模式。人们期望男性坚持父权制思想中关于实力和为他人提供服务的理念，同时放弃对统治的努力，增加对情感成长的投入。这种女性主义阳刚之气的愿景充满了矛盾，不可能实现。难怪那些有爱心并愿意改变的男人往往会放弃，转而求助于他们认为有问题的父权制阳刚之气。个别男人在接受了解放男性的女性主义概念后，却发现很少有女人尊重这种转变。

一旦"新男人"，也就是被女性主义改变后的男人表现出懦夫的形象，成为被女强人（内心渴望她的同伴富有阳刚之气）随意支配的工具，大量的男人就会失去兴趣。的确，男性运动强调男性需要直面自己的感受，与其他男性沟通交流。消极的是，男性运动依然宣传父权制，默默地坚持为了充分实现自我，男性需要与女性区分。男人需要与女人区分才能找到真正的自我，这种想法似乎为古老的父权制思想披上了新的外包装。美国女性主义倡导者克里斯汀·A.詹姆斯在她的论文"女性

主义与阳刚之气"中描述了罗伯特·布莱领导的男性运动,她解释说:

女性,主要是自女性主义以来,创造了一种情境,在这种情境下,男性,特别是年轻男性,感到心灰意冷,一蹶不振,缺乏自信,而年长的男性必须引领他们回归从前的老路。布莱把"野人"的神话作为男人行动的大方向的典范,却从未挑战与他认为的男女的紧张关系密不可分的等级制二元论。可以说,"野人"的概念只是强化了关于"真正的阳刚之气"的陈词滥调,而不是试图在男女之间以及阳刚和阴柔之间培养一种新的关系。

男性发起的运动经常批评女性和女性主义,但没有对父权制进行持续批评。最终,它没有始终如一地要求男性挑战父权制或设想自由的阳刚之气模式。

许多由男性创造的新时代模式重新配置了旧的男性至上范式,同时让人觉得他们为性别关系拟定了不同的规则。

通常情况下,男性运动抵制大男子主义的父权模式,同时赞同仁慈的父权制愿景,即父亲是统治者,以温柔和仁慈来统治,但他仍占据管理控制的地位。紧随女权运动和各类男性解放运动之后,这些运动并没有将女性和男性紧密地团结在一起,父权制的男性特征的替代方案可能是什么,这个问题依然亟待回答。

显然,男性需要新的自我主张的模式,而不需要构建一个对立的"他者",无论是女性还是象征性的女性,让他们来定义自己。从儿童时期开始,男性就需要圆融的模型,也就是身心健全的男人,不会自我分裂的男人。虽然个别身为单身母亲的妇女已经表明,她们可以养育健康、有爱心的男孩,使他们成为有责任感、有爱心的男人。但在这种抚育模式的每个成功的案例中,妇女都选择了成年男性——父亲、祖父、叔叔、朋友和战友,为他们的儿子示范他们应该努力达到的成年男子形象。

毫无疑问,有远见的女性主义的首要革命行动之一必须是恢复男性的阳刚之气,将其作为一个脱离了支配者模式的伦理生物类别。这就是"父权制阳刚之气"这一术语如此重要的原因,因为它将男性的差异定义为总是而且只是关于男性通过任何必要手段支配的优先权,他们可以支配他们的下属女性,或者是弱势群体。拒绝这种女性主义的阳刚之气模式,意味着我们必须把男性定义为一种存在状态,而不是一种特性展示。男性的存在、阳刚之气必须代表自我的基本核心之意,代表拥有男性特征的人类身体。许多写过关于阳刚之气的批评家建议,我们需要废弃这个词,需要"终止阳刚之气"。然而,这种论调助长了一种观念,即男性本质是邪恶的、低劣的或无价值的。

这种立场似乎更像是对父权制阳刚之气的反应,而不是创造性的有爱心的回应,可以将男性和阳刚之气从父权制强加给男儿之身的所有可识别自我的特征中分离出来。我们关于爱的著作应该是重振男性雄风,而不是让它成为父权制统治的抵押品。在非统治者的文化中,阳刚之气有一个创造性的、维持生命的、促进生命的地位。我们这些试图终结父权制的人可以打动真正的男人的心,不是要求他们放弃阳刚之气或男性特质,而是要求他们允许其内涵的改变,要求他们不忠于父权制的男性特质,以便为男性找到一个合适的位置,不再成为高高在上或随意施暴的同义词。

父权文化持续控制着男人的心智,正是因为它使得在社会化过程中的男性相信,如果没有他们作为特权者的角

色,他们将没有存在的理由。支配者文化教导我们所有人,
身份的核心是由支配和控制他人的意愿来定义的。我们受
过的教育教导我们,这种支配的意愿在生物学角度的男性
身上比在女性身上更加牢固。实际上,支配者文化告诉我
们,我们都是天生的猎杀者,但男性更有能力成为名副其实
的捕食者。在支配者模式中,对外部权力、对操纵和控制他
人的能力的追求,是最重要的。当文化以支配者模式为基
础时,不仅会有暴力,而且会将所有的关系框定为权力
斗争。

　　无论现代有多少预言家向我们保证,权力斗争不是
人类关系的有效模式,帝国主义的、白人至上的资本主
义父权制的文化仍旧坚持,统治必须是当今文明的组织
原则。在《灵魂之心》中,盖瑞·祖卡夫和琳达·弗朗西
斯明确指出,虽然人类可能一度需要外力来维持物种的
生存,但现今已经发生了改变:"无论是否有敬畏之心,
对外力的追求只会导致暴力和毁灭,这是一种不再有效
的进化模式。它绝非良药,没有什么能使它再次成为灵
丹妙药。"父权制的阳刚之气教导男人,他们的自我身份
只有在追求外力时才有意义;这种大男子主义是支配者
模式的潜台词。

在男人的现状能够有所改变之前,必须消除支配者模式,因为它是滋生这种文化的土壤。我们已经看到,在父权制的文化中,男人可以更加感性,可以参与育儿,冲破男性至上的思想牢笼的束缚,但只要根本准则还在,他们就不可能获得真正自由。在任何时候,这种根深蒂固的父权制的文化都会吞没与之背道而驰的行为。我们已经看到,当女权运动成为社会变革的一股历史潮流时,许多男人一度改变了他们的想法,但后来当支撑我们社会的父权思想没有改变时,随着运动力度的减弱,旧秩序又开始死灰复燃。在女权运动高峰期受到严厉指责的男性至上思想和行为,再度甚嚣尘上。显然,结束父权制是男人获得集体解放的必由之路。这是解决大多数男人正在经历的阳刚之气危机的唯一办法。

为了给男人创设一种不同的存在方式,我们必须首先用伙伴关系模式替换支配者模式,将相互依存、相互依赖视为所有生命体的有机联系。在伙伴关系模式中,不管是男是女,自我认同始终是一个人认同的核心。在父权制阳刚之气熏陶下,男性变得病态的自恋、幼稚,并在心理上依赖他们与男儿之身俱来的特权(不管多么相对)。因此,许多男性感到,如果这些特权被剥夺,他们的存在就会受到威胁。在伙伴关系模式中，男性身份认同，就像他的女性伙伴一样，将围绕一个本质上是关系取向的善的概念。这种文化不认为男性生来就有攻击的动机，而是认为男性生来就有与人联系的意愿。

女性主义的阳刚之气认为，男性只要做到以上几点就足够了，他们不必"表现"，不必"履行"，以便得到肯定，并收获爱。女性主义的阳刚之气不是把实力定义为"超能力"，而是把实力定义为一个人对自己和他人负责的能力。这种实力是男性和女性都需要具备的特质。在《养育好男人的勇气》一书中，奥尔加·西尔弗斯坦强调，有必要以打破男性至上规范的方式，重新定义男性的性别角色。目前，男性至上主义者对男性角色的定义始终与胜利、高人一等和统治有关：除非我们积极质疑男性性别角色的许多细节，包括心理学家罗伯特·列万特在列举其主要特征时提到的几种常规性要素——"避免女性化、克制情绪、追求业绩和地位、自主自强、攻击性"——否则我们将否认男人的全部特性。女性主义阳刚之气的主要成分包含圆融性、自爱、情感意识、自信和亲情关系技能，包括共情、自主和建立亲情的能力。女性主义阳刚之气的核心是以性别平等和相互依存为核心的承诺，这对创造和维持生命中的相互存在和伙伴关系至关重要。这样的承诺总是推崇非暴力行为，反对暴力行为，推崇和平，反对战争，推崇生命，预防死亡。

疗愈专家奥尔加·西尔弗斯坦的观点更加公允，她认为，"现在世界需要的是另一种类型的男人"——她认为我们需要"好"男人，但这种二元的分类自动寄希望于非此即彼的支配者模式。现在世界需要的是具有西尔弗斯坦所提及的那些思想解放的男士，那些"能够共情、坚强自主、重视亲情，对自己、对家人和朋友负责、对社会负责，并且能够理解这些责任最终是不可分离"的人。男性需要女性主义思维。这是支持他们精神进化和摆脱父权制模式的理论。父权制正在破坏男人的福祉，每天都在消耗他们的生命。

西尔弗斯坦在举办专注于改变男性至上的性别角色的研讨会时，有女性向她咨询具有上述品质的男性是否能够顺应历史潮流持续生存，她通过指出这些事实来化解她们的恐惧：

男人的生存能力并不强！我们委派他们从军参战，冲向血雨腥风、你死我活的战场。他们模仿最近一部关于大学橄榄球的电影中的场景，躺在公路中间以证明他们的阳刚之气。他们刚到中年可能就死于心脏病，而饮酒和吸烟等恶习加剧了肝脏和肺部疾病的病死率，其自杀率大约是女性的 4 倍，被他人残杀（通常是在其他男性手中）的概率是女性的 3 倍，因此寿命比女性短 8 年左右。

我想补充的是，许多男人被判处终身监禁，他们曾努力通过残忍和非必要的暴力行为来证明父权制的男性特征。很明显，很多女人的寿命更长，过着幸福快乐、充实富足的生活，因为女人没有接受一个将性别与暴力挂钩的信仰；男人同样需要这样的选择。

并非只有女性无法想象如果男性被培养成健全的人，世界会是什么样子。人们似乎担心，如果男性被培养成圆融的人，可以付出爱的人，他们将无法在必要时使用武力给敌人以致命打击。

国际知名的家庭疗愈师、演讲者和作家特伦斯·雷亚尔曾经提到有关优秀战士的特征,他说:我拒绝告诉你什么是优秀的战士,但我要告诉你什么会造就伟大的战士。在必须奋不顾身的紧要关头,好的战士应像猛虎下山,骁勇善战。在需要和善亲切的时候,好的战士便应当如春风化雨,润物无声。当前,成为伟大的战士的条件是审时度势,明察秋毫。我们看到,在成长过程中受到圆融性熏陶的个人,他们在需要攻击性的时候,可以温柔得体、游刃有余、自信大方并且不失坚韧。

能够成为健全的、不可分割的自我的男性可以践行优秀战士所具备的情感辨别力,那是因为他们能够与人建立感情并作出反应,而不是单纯的条件反射。父权制阳刚之气把男人拘束在各种反应和过度反应的不同阶段。女性主义的阳刚之气并没有复制男性具有的这种反动、野性、失控等特征的概念;相反,它向男性和我们这些关心男性的人保证,我们无须担心男性会失控。父权制的力量一直使男性处于恐惧之中,令男性感到担心恐惧的滋味胜于被宠爱的感觉。不管他们是否承认这一点,男人都知道这并非真相。

他们激起的这种对男性的恐惧,或多或少地拉开了男人与他们生活中的女性的距离，一定程度上催生了男人的失落感。归根结底，效忠父权制的情感代价之一是被视为不值得信任。如果父权制中的妇女和女孩所受的教育，将她们塑造成把每个男性（包括与我们有亲密关系的男性）看作是潜在的施虐者，那么我们就不能对他们寄予信任，而没有信任就没有爱。

在我年幼时，父亲被尊为我们家庭中的父权养家者和保护者，同时他也令我们望而生畏。他认为这种激发恐惧的能力彰显了真正的男子汉本色。尽管我父亲的生活自理能力较强，令人欣慰，但当他对我们（他的至亲）释放出那种暴力倾向的时候，我们感到父亲形象轰然倒塌，心中只剩下恐惧，我们觉得：没有足够牢固的情感联系来抚慰和转化父亲的暴力，拴住他的亲情。

有多少男人失去了这种爱的纽带，原因就是在亲情关系中表现出暴力行为，表现出植根于父权制阳刚之气的观念，即每个男性都具有食肉动物的劣根性，他们动辄张开血盆大口准备咬人。西尔弗斯坦认为，囿于父权制教条，男性履行的是疏远的仪式，导致"与女性疏远"。她说："陪伴过老人的人都知道，当耄耋老人在弥留之际发出呼唤时，他们呼唤的是'妈妈'，而不是'爸爸'，这些人呼唤的甚至可能并非真正意义上的母亲，而是象征意义上的妈妈，母亲代表着养育、呵护、亲情，母爱的存在让我们知道我们不是孤独的。"

父权制阳刚之气坚持认为，真正的男人必须通过理想化的孤独和离群索居、割舍亲情来证明他们的阳刚之气。女性主义的阳刚之气告诉男人，他们可以通过与他人联系的行为，通过创建社群而变得更具有亲和力。世界上没有一个社会是由孤独的人组成的。梭罗即使身处孤僻的小屋，也坚持每天给他母亲写信。当约翰·格雷在《男人来自火星，女人来自金星》中告诉读者，男人会钻进他们的洞穴，也就是说，男人会割舍亲情，成为孤家寡人，他准确地描述了父权制的男性特征。但他从未暗示男人会满足于穴居生活。然而，许多耳濡目染父权制意识的男人都生活在精神的荒漠中，在那里他们完全并且始终保持孤独。

女性主义，作为终结男性至上的统治和压迫的口号，为我们提供了摆脱父权制的所有途径。领悟到这一真理的男人通常是年轻人，他们出生在一个更加重视性别平等的世界里。与老一辈的男性不同，他们无须接受教育，就知道男女平等的道理。这些参与妇女研究课程的男青年，他们不害怕将自己定位为女性主义的倡导者。他们是信仰女性主义的母亲之子，愿意接受女性主义思想。因此，奥尔加·西尔弗斯坦在写给他母亲的《养育好男人的勇气》一书的后记中，称赞了他母亲的辛苦："与母亲割断亲情的男人就是与他们自身的一部分失去联系，这种理论强大有效，足以引起改变。我很自豪，我母亲有勇气为我和她自己，为其他母亲和她们的儿子公开这些问题。"这些男人是女性主义阳刚之气解放男人的活榜样。

老一代男人的思想由男性至上思维转向女性主义阳刚之气，这些人往往是被他们生活中的女性所打动，在思想和言行两方面做出改变，但对许多人来说，是同样肩负起育儿角色的经历真正改变了他们的思想和行为。我曾与多位男人深入交流，他们在育儿过程中突然发现自己被父权制的偏见所激怒，而在看到大男子主义开始威胁到自己女儿的行动和存在的那一刻之前，他们对此一直毫无意识或完全无视。女性主义理论家从运动一开始就认为，如果男人成为抚养、照料子女的主力，他们会愿意改变。他们会培养出通常被视为女性与生俱来的情感技能。育儿的任务最能够检验一个男人是否肯付出爱心，因为他们放下了支配者的模式，与那些与他们共同养育孩子的女人交流。男性统治不允许相互间培养亲密关系，而这一点使父亲无法触及子女的心灵。

只要男人支配着女人，男女之间就不可能有爱。爱和支配可以共存，是父权制告诉我们的最有力的谎言之一。大多数男人和女人对此深信不疑，但事实上，爱能使统治发生转变。当男人在父权制的规则之外进行打造自我的工作时，他们会创造出必要的情感意识，让自我学会爱。女性主义使女人和男人有可能懂得爱。

有远见的女性主义是一种明智的、饱含爱的政治学。它植根于对男性和女性本身的爱，反对性别之间存在尊卑高下之分。女性主义政治的灵魂是致力于结束父权制对女性和男性、女孩和男孩的支配。爱不可能存在于基于统治和胁迫的关系中。在父权制的文化中，如果男性的自我定义依赖于对父权制规则的服从，那么他们就无法做到爱自己。当男性接受女性主义思想和实践，在所有关系中强调共同成长和自我实现的价值时，他们的情感将会再次得到升华。真正的女性主义理论总是把我们从桎梏之中解放出来，从冷漠转变成友爱。

相互间的伙伴关系是爱的基础。女性主义思想和行动创造了可以培养相互性的条件。

作为女性主义者政见的一名挚友和倡导者，美国社会学家约翰·斯托尔滕贝格一直敦促男性培养一种道德感，使他们能够热爱正义，而不是男人的身份。他在"疗愈阳刚之气"一文中指出：

爱正义而不是阳刚之气，不仅是一种值得追求的愿景，而且它本身就代表着未来。正如斯托尔滕贝格所解释的那样，选择忠于阳刚之气而不是自我不可避免地会导致不公正……爱正义而不是爱阳刚之气，将个人身份重新定位在自我——培养亲情、相互依存、现实的几个方面。

他和其他女性主义思想的男性倡导者一样，亲身体会到男人要反抗父权制的思想并学会爱自己和他人并非一件易事。女性主义的阳刚之气为男性提供了一种重新与自我联系的方式，揭示了男性的善良本质，并让每个人，无论男女，都能在有爱心的阳刚之气中感到荣耀。

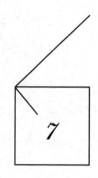

大众文化:媒体的阳刚之气

　　大众媒体不断将阳刚之气的流毒灌输给男孩和男人,教导他们父权制的思维和实践规则。女性主义者要求我们挑战和改变父权制,但对男性影响甚微,其主要原因之一是这一理论目前仅活跃于书本中。大多数男性不会购买或阅读女性主义读物。在白人女性倡导的当代女权运动的巅峰时期,即 20 世纪 60 年代末 70 年代初,男性作者撰写了一系列读物,提及具有毒害性的阳刚之气问题,批评了父权制。如《男性机器》《男性解放》《解放的男人》《阳刚之气的极限》《为男人而反对男性至上》《做个男人》《白人英雄,黑人野兽》等书,对男性被动接受陈规陋俗的性别角色提出挑战。

这些书和它们引发的讨论对男性意识的影响远不及女性主义读物对女性意识的影响。在大多数情况下,这些白人男性作家并没有努力重新认识男性,相反,他们鼓励男性学习以前与女性相关的行为模式。他们都认为,经济变化加上妇女地位的变化,给阳刚之气带来了威胁。

在现代先进的资本主义社会中,阳刚之气的力量在传统上被认为是男性养家糊口能力的同义词。然而,随着越来越多的女性踏上工作岗位,即分担养家糊口的任务,父权制阳刚之气的这一核心属性已经失去意义。劳动力中的性别平等使许多男人可以表达他们的真实想法,即他们不一定热衷于赚钱养家的职责。许多男人很乐意接受这样的观点,即女性主义正在教导妇女,她们应该自食其力,为自己的信仰付出代价。绝大多数人的性别角色发生了改变,尤其是女性,然而即便如此,父权制的阳刚之气概念仍然保持不变,这些概念越来越失去现实基础。因此,阳刚之气出现了危机。传统的制度化的父权制社会秩序正在受到挑战和改变,即使在男性至上思想没有发生重大变化的时候。

经历了这场危机的男性,要么紧紧抓住父权制意识形态的基本观点来寻求安全感,要么与女性主义紧密靠拢,为创造新的男性观而奋斗，为男性身份的社会形态营造新的可能性。

主流的大众媒体，特别是电影和电视，反映了这些矛盾，同时他们仍继续强化父权制的思维和行动。大多数男人选择维持原状，而保守的大众媒体对于他们的墨守成规也表示支持。男人们继续效忠于一种阳刚之气观念，这种观念在旧的条件下不能全部实现，进而导致他们更关注通过身体和心理的恐怖主义来支配和控制的能力。被迫在一个男性不再拥有控制权的公共场所工作（工作中的上司、主管可能是女性），男人们就只能在私人空间详细拟定父权统治的规则。因此，尽管女性主义在工作领域带来了变化，但男性对妇女和儿童的暴力事件仍在不断升级。大众媒体，特别是电视访谈节目，关注男性暴力，而没有将这种关注与结束父权制联系起来。男性对女性的统治只成为一种新的大众娱乐形式（即 O. J. 辛普森试验的赚钱场面）。在与工作领域之外其他的男人的社会联系中，男人比以往任何时候都有必要制定统治规则。在黑人男性中，黑人对黑人的凶杀案迅速成为 16 岁至 45 岁男性的主要死因。

在电视节目中，儿童专题一直在上演他们的男性至上的神话故事，从未停止。最受欢迎的一个儿童节目是《无

敌浩克》,其中隐含着阳刚之气的意义。这个节目受到各
个阶层及种族背景的男孩的喜爱,它主要是传授了一种观
念,即对男性来说,使用武力(残酷野蛮)是应对各种危机
情况的一种可行的反应。当一位社会学家询问年轻的男
性观众,如果拥有浩克的力量,他们会怎么做,他们说,会
揍扁他们的妈妈。浩克是至今仍然流行的"恐龙战队"
玩具,以及近来允许男孩参与暴力仪式化电子游戏的
前身。

《无敌浩克》的主人公,就像在他之后出现的许多电视
和电影英雄一样,是芭芭拉·艾瑞奇的《男人的心:美国梦
和弗利弗特承诺》一书的最佳人选。他始终处在奔忙中,无
法培养持久的人际关系或亲密关系。一个受过训练的科学
家(理性人的完美化身),在体验到愤怒的时候,就会变成一
个绿色的生物,并实施暴力行为。施暴后,他又变回正常的
白人男性理性的自我。他对自己的行为没有记忆,因此无
法为其承担责任。由于他(就像流行的成人剧《亡命天涯》
中的主人公)无法与朋友或家人建立持久的亲情关系,因此
他不会付出爱。他在亲情割舍和分离的背景下成长。像最
近的 X 一代(20 世纪 60 年代初至 70 年代中期出生,缺乏
人生目标和感到失落的群体)的男人一样,他是终极父权制

男人的象征——孤独无依，流离失所，漂泊不定，受内心的兽性驱使。

《无敌浩克》将男性至上和种族主义联系在一起。这位冷静、平和、理性的白人科学家，每当他愤怒时，就会变成一只绿色的野兽。他被这种转变的知识折磨，试图寻找一种疗法，一种使自己摆脱内心野兽的方法。保罗·霍赫在写到种族主义与《白人英雄，黑人野兽》中阳刚之气的构建之间的联系时认为，"西方主流的阳刚之气与种族（和物种）统治之间确实存在着紧密的互动。这一提法最初来自神话和寓言，即阳刚之气的巅峰——'白人英雄'——首先通过征服'黑人野兽'或其他（某种意义上）'更黑暗'的种族、民族和社会种姓的野兽来展现其阳刚之气"。《黑衣人》《独立日》和《黑客帝国》等电影，凭借这些白人与黑人的种族故事，在幻想范围内对父权制的白人阳刚之气进行评价。在我们的实际生活中，帝国主义的、白人至上的政策，导致了白人男性暴力统治黑人世界的模式，如海湾战争和之后的伊拉克战争。因为表面看来，咄咄逼人的阳刚之气（暴力、凶杀）似乎的确是部分黑人之所为，因此白人家长制崇信者能够使人们淡化他们自身对女人的厌恶，进而忽视他们对妇女和儿童的暴行。

白人男性音乐人发起并传播了冈斯特音乐,这种音乐公开宣传父权制和仇恨女人。然而,通过宣传年轻黑人男性的声音(一开始他们中的许多人来自底层社会),统治阶级的白人男性既可以利用他们的客户对父权制男性特征(金钱、权力、性)的渴望,同时又使他们的反女性主义信息成为年轻白人男性将要学习的课程。正如控制我们政府的保守派白人男子利用个别黑人男子(例如科林·鲍威尔)向美国公众宣传战争的福音(肯定了这样的想法,即黑人男子是一种威胁,而英雄的白人男子必须消灭这种威胁),大众媒体将黑人男子妖魔化为残酷的父权制阳刚之气的缩影,引导人们不再专注于白人男子的父权制阳刚之气及其相伴而来的对妇女的憎恨。

父权制白人男性利用大众媒体向女性主义开战的方式之一,就是不断地把憎恨女性的暴力男人描绘成误入歧途和精神乖张的群体。公共广播公司(PBS)关于《山腰绞杀手》的纪录片介绍了一个典型的例子,说明父权制白人男子会不遗余力地否认他们的父权制暴力。观众能够看到精神病学家访谈了一个谋杀成年妇女和两个女孩的白人男性连环杀手。这个故事分成几个部分展开叙述,每一部分都非常富有戏剧性,并且充满悬念。观众了解到,被告是一个英俊的白人男生（我用"男生"这个词是因为评论员一再提到他的男孩气质），有一个可爱的金发妻子和一个宝贝儿子。据说，他的外表看起来不像坏人，更不像杀人犯。我们了解到，他工作勤奋，人缘很好。所有这些品质使侦探和警察（毫无疑问都是白人男性）对他放松了警惕性，压根没有想到他有嫌疑。在他们看来，他是一个"不可能的嫌疑人"。甚至在他被捕后，白人男性的精神保健专业人员也介入此案，至少可以提供文件证明，如果这个白人男生确实对女性犯下了暴行，他这么做是因为他是个疯子。

最后，一位精明的医生发现，被告一直在装疯卖傻以逃避惩罚。他在犯罪前学了心理学，学会了装疯卖傻，蒙蔽众人。当医生最终"揭开"他的真面目时，山腰绞杀手说："女人对我来说无足轻重，她们分文不值，我可以分分钟杀死她们。"当审判结束时，白人男性法官宣读了他对此案的最终判决，他告诉观众，山腰绞杀手是一个厌恶、憎恨、仇视女人的人。然而，法官并没有将这种厌女症与父权制、男性至上或男性统治联系起来。相反，我们被告知，该男子的母亲鞭打他是为了表达她对一个暴力的、无恶不作的赌徒丈夫的愤怒。归根结底，这个男人对妇女的暴行是由女人造成的，这又是一个"她让我这么做的"案例。没有人提到他经过理性思考的伪装策略，也没有人提到他通过假装成好人、冒充仁慈的家长来欺骗许多妇女和其他人。

自当代女性主义运动以来，侦探小说家们利用家暴、强奸和乱伦等女性主义话题来塑造厌恶女性的男性恶棍的形象。从《刀锋边缘》到《分析》等小说都采用了女性主义主题，同时强调维护父权制暴力的必要性。在一个90％以上的暴力犯罪是由男性实施的现实世界中，流行文化描述了男性的负面和正面模式，这一点并不令人惊讶。憎恨女人的男性统治者一直被描绘成性格孤僻的人，他们可能在童年时受到虐待，也无法适应正常社会。具有讽刺意味的是，这些"坏"男人与追杀他们的"好"男人有着相同的性格特征。在这两种情况下，这些人都会伪装（以各种外表和伪装来操纵他人对其身份的看法），而且他们缺乏与他人进行情感交流的能力。

在《心灵捕手》等当代电影中，敏感的男人成为潜在施暴者的代名词。在电影中，威尔是工人阶层年轻人的代表，如果他能正视他的童年创伤并学会重新感受，他就有机会成为身心健康的男性。他是一种在父权制的文化中试图重新建立修复亲情的男人形象。特伦斯·雷亚尔评论了这部电影：

一个人无法与他人心灵相通，也无法正视自己的内心。亲密关系会自然而然地激发各种天然本能的感受，要保持这份亲密关系，必须极力压制这些本能。然而，与世隔绝的禁欲主义，回避自己感受的策略，恰恰是男孩被灌输的价值观……使自己能够与他人共情，这种体验仍然处于被贬低和被忽略的范围内，是女人专属的世界。威尔痛苦的根源，以及他逃避痛苦的权利，转而将痛苦强加给他最关心的人，都是父权制的核心——所有男孩都受到影响的阳刚之气。

这种重男轻女的模式世代相传。获奖影片《死囚之舞》描述了三代白人男子：占据统治地位的家长是生活艰辛、酗酒和吸烟的受害者，他那听话的父权制儿子是监狱长，第三代的孙子，也在追随前辈的脚步。

为了实现父权制的男性理想，这些白人男子必须学会割舍他们的感情。占据统治地位的一家之主用辱骂的方式对待他的儿子，告诉他"你妈不是废物"，用羞辱来维护他的控制地位。作为种族主义者和厌女者的他也得到自己儿子亦步亦趋的效仿,直到孙子(被认为是弱者,因为他是反种族主义者,有感受的能力)反抗他的父亲。这个男孩问父亲为什么不爱他,后来愤而自杀。他的自杀终结了父权制的循环,并导致了他父亲的转变,他父亲在他以前所憎恨的黑人中寻求救赎。没有任何一部当代电影像《死囚之舞》那样巧妙地揭露了父权制的邪恶。通往救赎的道路需要对白人男性的父权统治进行驳斥。然而,正如描写反抗父权制男子的多部电影一样,最终的转变只是从暴力统治的父权制转向善良仁慈的父权制。

　　当代书籍和电影清楚地描述了父权制的罪恶,但没有指出改变的方向。最终,它们发出的信息是,男性的生存需要保留父权制的传统。在《死囚之舞》中,真正有个性的男子,人性化的、感情细腻的、反种族主义的,渴望超越父权制,走向真正的亲密关系,这样的男人成为受害者,最终落得个自杀的结局。这部电影没有怂恿男性去挑战这个系统。在另一部电影《伊比的堕落》中,直面自己感情的父亲是精神分裂症患者。当他与儿子分享无力承担父权制责任的感受时,伊比无法在感情上安抚他。再加上对母亲的憎恨,伊比接受了周围世界的残酷性,选择成为一个逃犯,一个为寻找自我而逃亡的人，才能摆脱暴力。绝大多数当代电影传递的信息是，男性无法摆脱内心的兽性。他们可以假装，可以掩饰，但他们永远无法打破父权制对他们意识的控制。

除非我们能够创造一种流行文化，在不赞同父权制的前提下肯定和赞美阳刚之气，否则我们永远不会看到广大男性对其身份性质的思考方式发生变化。在《心灵捕手》中，面对爱情来临的可能时，威尔必须做出选择。他必须放下因创伤性过去所产生的卑微感和羞耻感；必须选择生而不是死。他选择了爱，选择了生，这是与解放他的精神的父权制模式格格不入的。作为观众，我们庆祝他对自己本质的善良的新认识，他的救赎。他的康复给了我们希望。

大众媒体是传授"可能的艺术"的有力工具。开明的男人必须要求它作为他们公开声音的空间，并创造一种进步的大众文化，教导男人如何与他人产生联系，如何沟通，如何去爱。

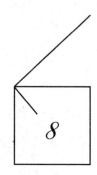

疗愈男性精神

　　在父权制的文化下，男人无法表达他们的痛苦。男孩在幼年时就懂得了这一点。作为一个女孩，我为教会里的一个男人所震惊，他是一位执事，总是站在会众面前，讲述他对神灵的爱。他在宣誓过程中，经常会哭起来，将脸埋在一块白色的大手帕上啜泣，让泪水尽情挥洒。目睹他流泪的女孩和男孩都为他感到尴尬，因为在他们眼里，他是在展示自己的软弱。当他流泪的时候，站在他身边的人都把视线移开。他们羞于看到一个男人以此方式表达强烈的感情。

　　在我少女时代的自传《骨炭》中，我记起了这个感情细腻的真正的男人：

  在她儿时的心目中,老男人是唯一感情细腻
的男人。他们不会满口酒气和满身名牌香水味向
你走来。他们像蝴蝶一样轻盈而美丽,翩然而至,
又悄然离去,只做片刻停留。他们是棕色皮肤的
男人,神情严肃。他们是那些在感受爱时流泪的
人,在讲到善良、忠诚的仆人时流泪的人。他们从
口袋里掏出皱巴巴的手帕,擦拭着眼泪,就像把牛
奶倒进杯子一样。她想喝下这些泪水,像牛奶一
样滋养她,帮助她成长。

  为了与男人冷酷无情的父权制表现相对比,在为成人
和儿童撰写的著作中,我都努力塑造男人的形象,展示他们
精神的美和圆融性。

  虽然我们很少使用父权制这个词,但每个人都知道男
性至上的阳刚之气如何冲击了男人的精神。诗人罗伯特·
布利将男性的情感死亡归咎于女性,这种观点的出发点是

错误的，但他呼吁男性找到内心的"野性"未开化因素，希望他们能在一个安全的空间里倾听自己灵魂深处的呐喊，希望他们能嚎叫、哭泣、舞蹈、玩耍，重新找回内在的精神。当然，参加布利主持的研讨会的男人们，会放纵一段时间，然后回到他们的父权世界，把野性精神抛诸脑后。罗伯特·布利的《铁男约翰》的读者都能从他的文字中听到母亲的责备。布利要求我们观察母亲在扼杀男孩自我意识方面所扮演的角色，他的要求是正确的，但他没有承认，这些母亲在她们的母性虐待狂者角色中，实际上是在履行父权制的育儿职责，做她们被教导的好母亲应该做的事情。

自相矛盾的是，我们现在生活在一个据称要质疑母亲能否抚育儿子的时代，而这么多信奉父权制的男人都是由母亲耳提面命传授父权制的信念和价值观的。在父权制的文化中，许多母亲将怒气撒在儿子身上，来表达她们对成年男人的愤怒。在《合伙的力量》中，里安·艾斯勒解释说："一些妇女将她们压抑的愤怒指向她们认为软弱的男人——例如她们的儿子。"心理学家大卫·温特发现，生活在男性占主导地位的国家或时期的妇女往往对儿子有很强的控制力，因为儿子是她们唯一可以任意发泄的男性。在这种情况下的妇女往往微妙地，或不那么微妙地，虐待她们的儿子。父权制文化中的许多母亲压制儿子身上的野性、猎奇心理及顽皮天性，因为她们担心儿子会软弱可欺，无法长成顶天立地的男子汉，一位真正的、其他男人会羡慕和仰视的男人。

男人对母亲的愤怒大多源自母亲未能保护男孩的自我意识免受父权制伤害。特伦斯·雷亚尔在《我如何与你沟通?》一书中写道，一个儿子描述了父权制的文化侵入与母亲的亲情关系，以及她的默许。这个儿子回忆说："她告诉我，让我走，亲爱的，就让我走吧。我们知道你父亲是个野蛮人。我们一起生活在一个他永远无法理解的情感高雅的世界里。但是你看，亲爱的，我孤立无援，对吗?"母亲们每天都在冷酷无情地终止她们与男孩的亲情联系，以便让他们转而求助父权制，不管是向一位冷酷无情的父亲还是一位象征性的父亲。男孩感到痛苦，而且他们无处可以平复创伤；只好将痛苦压在心底。痛苦无处可藏，只好在心里转化为愤怒。

男人学会伪装，学会掩饰他们的愤怒和无力感。然而，当男人学会创造一个虚假的自我作为维持男性统治的一种方式时，他们就没有建立健康的自尊的坚实基础，总是戴着面具作为宣扬男性存在的方式,生活在谎言中,永远被剥夺了真实认同感和幸福感。这种虚假会使男性经历强烈的情感痛苦。支配的模式有助于缓解这种痛苦,它们造成一种错误的自我感觉——一种对自我身份认同的错误认知。诗人兼农民温德尔·贝瑞在《令人不安的美国:文化与农业》一书中指出,"如果我们从我们归类为'阳刚之气'的破坏性行为中去除地位身份和薪酬,就会发现男性和女性一样遭受痛苦。他们会因为同一种原因而受苦:他们被驱逐出男女社群,这是与所有生物社群最深厚的联系"。在我们的社会中,许多男人没有地位,没有特权;他们没有享受到天上掉馅饼的优厚待遇,没有资本主义父权制的福利。对这些男人来说,支配妇女和儿童可能是体验父权制的唯一机会。这些男人遭受痛苦,他们的痛苦和绝望无休无止。他们在一个不希望男人改变的社会中痛苦深重,这个社会不希望男人重构阳刚之气,以便使男性认同的社会形成的基础不植根于统治的伦理中。他们意识不到自己的痛苦程度,而是进行掩饰和假装。当感到无能为力时,他们表现得好像有资格和特权。不能承认男性痛苦的深度,使得男性很难质疑和改变父权制的男性特征。

挣脱与父母间的亲情联系，许多男性经历了情感忽视和遗弃的创伤，但却无法表达，这些都伤害了男性的心灵。许多男性无法说出他们的痛苦。像女性一样，这些受到最重伤害的人紧紧抓住他们痛苦的诱因，拒绝抵御男性至上或男性压迫。他们的拒绝源于害怕暴露弱点。他们害怕承认自己的痛苦深重。随着痛苦加剧，他们对暴力的需求也在加剧，需要强制性支配和虐待他人。芭芭拉·戴明解释说："我认为，男人之所以非常暴力，是因为他们在内心深处知道，他们在用行动骗人，所以很愤怒。生活在谎言中的人是不会快乐的，所以他们对被卷入谎言感到愤怒。但他们不知道如何挣脱，只能在其中越陷越深，不能自拔。"

对许多男人来说，棍棒之下出孝子的时刻可能是唯一的亲昵时间，唯一可实现亲密关系的时刻，唯一可释放痛苦的地方。当女性主义者坚持认为所有的男人都是强大的压迫者时，他们从权力的出发点施加伤害，掩盖了许多人从受害者的位置上进行伤害的现实。他们对他人的暴力通常是对自我内心暴力的一面镜子。许多激进的女性主义者被男性统治所激怒，她们不能承认男性遭受痛苦或值得宽恕的可能性。如果没有觉察到男性的受害者地位，我们就无法理解男性的特征，无法发现可能导致更多男性寻求女性主义转变的联结空间。芭芭拉·戴明敦促女性勇于面对男性的怒气，她认为，男性的愤怒"是因为他们在表演——这意味着他们在内心深处的某个地方，想要从谎言中挣脱出来，渴望追逐真相"。"他们的愤怒给了我们恐惧的理由，但也给了我们希望的理由。"

对女性主义的倡导者来说，创设关于男性新思维方式、重构阳刚之气的女性主义范式一直难上加难。尽管女权运动取得了成功，但男孩的社会化（父权制男性认同的形成）并没有在根本上得到改观。女性主义著作，无论是小说还是非虚构论著，很少关注男性的变化。如果男孩们需要借鉴文学作品，作为试图质疑父权制和营造进步认同的导向，我总是感到不安，因为针对他们而创作的文学作品太少了。相比之下，我可以向女孩提供无数的参考资料，这些女孩曾经告诉我，她们正试图批判性地理解和改变男性至上的女性角色，这就需要有更多专门针对男性的女性主义作品。他们需要女性主义的变革蓝图。

在一门关于女性主义理论的课程中，我要求学生评论一部著作、电影、电视节目或为它们提供革新的、女性主义的男性特征的个人经历。在一个 40 多名学生的班级里，几乎没有得到肯定的响应。一些学生谈到了约翰·赛尔斯的老电影《来自另一个星球的兄弟》和他最近的电影《阳光之州》。我提醒大家注意爱丽丝·沃克的小说《紫色》（获普利策奖、美国国家图书奖和书评家协会奖）。在讨论这部小说时，女主角塞利从客体到主体的转变受到关注，但没有人谈到小说也描述了书中所谓某某先生（即男主人公艾伯特）的转变，他从父权制的阳刚之气中挣脱，回归到一个能够参与社群的有爱心、肯育儿的自我。

在女性主义小说中，全新的男性角色出现了。作为一种幻想作品，《紫色》描述了一个乌托邦式的愿景，描绘了破坏性的男性至上阳刚之气改变男性的过程。在《紫色》中，沃克描写了男性用来维持家庭权力的父权制统治技巧，生动描述了虐待和恐怖主义的具体表现，同时也描述了处于统治地位的男性领悟到新思想、养成新习惯的过程。她对男性转变的乌托邦式的设想并没有将改变的重任完全赋予男性。

塞利也必须改变其对待男人的态度。她不仅必须肯定艾伯特的转变，还必须理解和原谅他。她的肯定使他能够重新加入团体，欣然接受一个相互合作的愿景。在小说的结尾处，塞利对男主人公艾伯特说：

他坏事做尽之后，我知道你想知道我为什么不恨他。我不恨他有两个原因。第一，他爱莎格（艾伯特的情人）。第二，莎格也爱过他。另外，他看似在努力使自己有所作为。我的意思不仅仅是说他工作、打扫卫生，欣赏上帝无意间创造的各种事物。我的意思是，我现在和他谈话时，他的确在听，在我们谈话的过程中，有一次他突然说，塞利，我很满意这是我第一次作为一个自然的人生活在地球上，这听起来就像一种新体验。

为了改变，艾伯特必须明白他虐待妇女的原因。他将这种虐待的意愿归咎于他成长过程中的创伤，当时他被胁迫选择反对真实自我，作为被灌输父权制的一部分要求。他自己被剥夺了人性，所以他自然而然觉得剥夺他人的人性是合理的。在书的末尾，艾伯特成为一个善于思考的思想家，他试图了解人类生存的原因。他说："我想了解我自

己，我疑惑、挣扎思考和探求的过程，在询问你小节的过程中而知大事，几乎是偶然的。但你永远不会对开始时的大事知道得有多少。他说，我的好奇心越强，我的爱心越多。"作为一个家长，艾伯特过去无法去爱。

与沃克的虚构人物艾伯特不同，大多数男人不会被他们无法控制的环境所迫使而改变。大多数遭遇阳刚之气危机的男人不知道如何去寻求改变。在电影《冲出逆境》（根据真实故事改编）中，这位陷入困境的年轻黑人男性大声疾呼"我不知道该怎么办"，借此表达他的危机感。针对男性的女性主义未来能够促进转变和疗愈。作为寻求结束男性至上和性别压迫的女性主义的倡导者，我们必须要倾听男性诉说他们的痛苦。只有当我们勇敢地面对男性的痛苦而不回避时，才能为男性培养疗愈所需的情感意识。

要想痊愈，男人必须学会重新体验。他们必须学会打破沉默，说出痛苦。通常情况下，男性要说出痛苦，首先要求助于他们生活中的异性伴侣，但她们却时常以拒绝倾听而告终。在许多方面，女性已经相信了父权制下男性的神秘感。当有人要求女性见证一个男性表达感受，倾听感受并作出回应时，她们可能只是掉头离开。曾有一段时间，我经常要求我生活中的男人向我诉说他的感受。然而，当他开始诉说时，我要么打断他，要么叫嚷着让他闭嘴，向他传递的信息是：他的感受对任何人来说都太沉重了，难以承受，所以他最好把它们压在心底。正如我之前提到的西尔维亚的漫画提醒我们，女人害怕听到男人说出感受。我不想听到我的另一半的痛苦，因为听到它需要我放弃对男人作为强大的保护者的父权制理想的期待。如果他受伤了，他怎么能保护我？

随着我的成长和女性主义觉悟的提高，渐渐地能够承认父权制对男性的虐待，能够倾听男性的痛苦。我可以把男人看作是生命旅途中的同伴，而不是仅向他提供辅助性的支持。由于男人们还没有组织发起父权制运动，宣布男人的情感意识和表达的权利，我们不知道有多少男人确实试图表达感情，只是他们的生活中的女人不屑一顾或将其拒之门外。在与男人交流时，我感到了震惊，因为个别男性承认愿意与男性伙伴分享强烈的感情，只是他的倾诉要么被那个伙伴打断，不置可否，要么言者谆谆，听者藐藐，使自己陷入孤掌难鸣的境地。想谈论感情的所有年龄段的男人通常养成了不去找其他男人倾诉的习惯。他们更有可能尝试与和他们有亲密关系的女性分享。

　　"脆弱"是许多男人试图避免的一种情感状态，有些男人一生都在回避状态中度过，因此从未体验过亲密关系。可悲的是，我们都与父权制有着千丝万缕的联系，对男人装腔作势，假装我们没有感觉到亲密关系和亲近程度，当我们觉得对男人的本性了解得不够的时候，会告诉男人我们爱他们，告诉父亲我们爱他们，但却害怕分享对他们的看法，害怕如果与父亲一言不合，我们就会被赶出家门，从我们的生活圈中被赶出去。就这样，我们私下里勾结父权制的文化，与父权制结下不解之缘，让男人觉得他们可以拥有一切，可以拥抱父权制的阳刚之气，同时仍然珍视他们的爱人。在现实中，男人越是效忠于父权制，他就越是与感觉脱节。如果他不能理解他人，就无法建立亲情。如果他不能建立亲情，就不能与人亲密无间。

　　重要的是，特伦斯·雷亚尔提出大多数男人不知道何为亲密关系，"有高低上下之分的男性世界几乎容不下温存的空间……一个人要么控制，要么被控制，要么支配，要么被支配"。他提出的见解是："当他们说到害怕亲密关系时，本意是害怕被征服。"这种对征服的恐惧往往是由实际情况引发的，即被父权制妇女宠爱的男孩因为他们对母性亲近的渴望而受到控制。就母亲虐待而言，操纵欲强的女人利用男孩的情绪脆弱性,将他控制在自己的羽翼之下,使其乖乖就范。这种早期经历是许多男人害怕与成年女性亲密接触的症结所在,这也可以解释为什么在父权制的文化中,有那么多男人寻求与女孩或年轻到足以成为他们女儿的女人亲密接触。

女性主义者很少讨论与男孩有关的母亲虐待行为,因为女性主义思想家很难找到一种语言来描述父权制文化下母亲对孩子的权力,在更广泛的社会背景下,母亲软弱无力。然而,可能正是这种在父权制下对成年男子的无力感,导致许多妇女不惜以破坏性方式对男孩施加情感暴力。由于这个原因,母爱功能失调、母亲虐待泛滥的单亲家庭和功能失调的双亲家庭一样,都不利于男孩的成长,在单亲家庭中,母亲虐待成为常态。在双亲家庭中,男孩可能很幸运地有一个成年男人相伴,他可以对母亲的虐待行为进行干预,充当正义开明的见证人。在以单亲女性为户主的家庭中则没有这种干预。

妇女并非天生就比男人更有爱心;她们可能会更善于照顾人,但在感情上仍有可能虐待他人。在父权制的文化中,有这样一种强烈倾向,即简单地认为女性是有爱心的,善于与他人亲密接触,因此,女性未能培养一定的技能,促使亲密关系的养成，这一点往往被忽视。社会通常鼓励大多数女性学习培养亲情技能，然而受损的自尊心可能会阻止我们以健康的方式应用这些技能。如果我们要开始创造一种文化，让女性主义的阳刚之气顺利成长，那么做母亲的女性就需要进行自我教育，以便培养批判意识。在不久的将来，可能有更多的数据告诉我们，如果男孩拥有慈爱的父母（不管是朝夕相伴还是短暂分离），教他们如何亲近自己，他们的表现会更好。同时，让我们营造一个空间，让那些缺乏培养亲情技能的男性能学会这些技能。

正如祖卡夫和弗朗西斯在《灵魂之心》中大胆指出的那样，"亲密关系和对外力的追求（操纵和控制的能力）是不相容的"。在大多数男人能够与他人亲密接触之前，他们必须先与自己密切接触，必须学会察觉和意识到自己的感受。掩盖或压制感情的男人只是不想感受痛苦。由于情感痛苦是大多数男性所掩盖、麻痹或封闭的感觉，而痛苦通常是回归感觉过程的必经之路。许多男性的愤怒掩盖了这个痛苦，使之成为讳莫如深的秘密。通常情况下，当女性发现男性的痛苦，戳穿男性的面具，看到其掩藏的情感脆弱性，她就会引来男性的狂怒。

有些男人以情感脆弱为耻，并极力将其掩饰，防止任何人觉察到。要使男孩适应社会，不再考虑他们的自我情感，戴上父权制男性的面具，羞辱就时常被用作工具，许多成年男子的内心都有着深深的耻辱感。研究表明，父权制的父亲很少被他们的孩子杀害；而被杀害的多是他们的母亲，因为许多男性从父亲的羞辱中感受到的愤怒通常会转移到女性权威人物身上。特别是和女性在一起时，内心受伤的男孩可以肆无忌惮地发泄，而不必担心遭到报复。关系越亲密，她就越有可能成为发泄愤怒的目标，同时她又是秘密的守护者，不会告诉任何人他内心郁积了愤怒。尤其是当行为乖张的男性伤害母亲或弱小的兄弟姐妹时，情况更是如此。在我们的文化中，儿子，尤其是青春期男孩对母亲的暴力行为很少被谈及。现在有这么多成年单身男子回到家中与母亲相伴，甚至从未离开母亲，因此家庭不和谐问题日益严重，而这种不和谐却被掩盖了。

夫妻关系中的亲密恐怖主义被认为是一个问题，特别是情感虐待。然而，对于成年子女和父母间的亲密恐怖主义却很少有人提及。最近的电影《钢琴教师》生动地展示了成年子女和父母间可能存在的施虐与受虐的情况，其形式包括情感和身体虐待。在这部电影中，展示的成年人是女性，观众可以根据传统的女性竞争的男性至上观念来解释他们所看到的内容。然而现实生活中，在单亲母亲与成年儿子的关系中存在着严重的情感虐待，而这种虐待并没有被提及。父权制的文化中，女性往往养成了掩盖和隐藏男性虐待行为的习惯，当罪魁祸首是儿子而受害者是母亲时更是如此。这些不健康的亲密关系之所以存在，是因为我们的文化没有教导女性和男性什么是亲密关系。只要妇女仍然主要承担育儿责任，我们就应当义不容辞地去学习如何亲近子女，并与子女一起分享这种知识。

学会如何亲近他人是一种培养亲情的技能，它教给我们自我认识的价值。祖卡夫和弗朗西斯为亲密关系下了一个寓意更宽泛、更深刻的定义，而不是简单地与某人亲近，对某人缺点反应敏感，他们认为："当你从追求外力（操纵和控制的能力）转向追求真实的力量（你的个性与灵魂一致）时，你就会建立亲密关系。"如今，有很多自助读物出版，敦促读者关心他们的心灵。詹姆斯·希尔曼、托马斯·摩尔和盖瑞·祖卡夫的此类读物已畅销美国，风靡一时。具有讽刺意味的是，这些人在谈到呵护灵魂的必要性时，好像这种呵护的途径对女人和男人来说是一样的。在托马斯·摩尔的《关注灵魂》的序言中，他告诉读者："充实的工作、有价值的关系、个人的力量和症状缓解都是灵魂的礼物。在我们这个时代，它们尤其难以捉摸，因为我们不相信灵魂，因此在我们的价值层次中没有它们的地位。我们生活在一个思想存在深度分歧的时代，在这个时代，灵与肉分离，精神与物质抵触。但我们如何走出这种分歧？"有远见的思想家认为，通过揭露统治逻辑造成分裂，并选择相互依存和相互依赖的模式，我们可以开始恢复圆融性的工作，而有了圆融性就有了对灵魂的呵护。

受父权制阳刚之气理论所困的男人几乎不相信他们的灵魂的重要性，也许正是由于父权制的偏见，导致托马斯·摩尔在呼吁我们所有人滋养灵魂的结论中提出："灵魂的呵护不是自我完善的工程……它根本不涉及正常生活或情感健康。"这种否认对灵魂的呵护与自我培养的关系的需要，本身就表明了摩尔所批评的意识中的二元分裂。所有妥善呵护过自己灵魂的人几乎都体验到了圆满的幸福感。

应当向男人强调的是，他们的灵魂很重要，呵护灵魂是其生存的首要任务。如果所有的男人都在寻求情感能力的过程中发现更多的心灵滋养，而不是通过统治者的模式来寻求权力，那么我们所了解的世界将会变得更好。

有远见的男性思想家如托马斯·摩尔等人为我们提供

了关于如何呵护灵魂的信息，从而增强世界的活力，那些来自贫穷国家的有色人种，过着流亡生活的人，是受到帝国主义男性暴力侵害的人，这并非仅仅是命运的偶然。

为男性和女性提供精神指导的有远见的男性思想家的存在，不断提醒我们，男人的心可以被爱和同情心所改变。

如果我们要维系地球上的生命，过上物质富足、精神充盈的生活，男性和女性就必须关注灵魂关怀。

我们社会中的大多数男人都相信有更高能力，但他们已经学会了忽略精神生活。因此，如果我们要创造一个让男人付出爱的文化，平复内心的努力（将灵魂视为神圣的）是至关重要的。如果男人的内心满含慈爱与同情，不需要高深的哲学、哲理或信条，不需要我们自己的内心挣扎，我们自己的大脑就能够深入思考、仔细辨别，将之升华。

当代女权运动处于最激进的时候，我们这些爱慕男性"神灵"的人常常被认为是叛徒。然而，我们中的许多人发现，将父权制意识形态与男性的女性主义思想家表达的强大的育儿和慈爱形象区分开，对于保持我们对男性的爱和对男性灵魂的神圣性的欣赏特别有用。因为它唤起了对父亲呵护我们灵魂的画面的想象，肯定并承诺我们会生存下去，赐予我们善良和仁慈，父亲会让我们永远生活在他的关怀中。

　　这种慈爱的父亲形象以最神圣的形式体现了女性主义的阳刚之气。疗愈心灵、呵护男孩和男人的灵魂,我们必须敢于表明我们的爱慕,不是向作为统治者的男性鞠躬,而是向作为具体化的具有神圣精神的男性鞠躬,我们可以与之共同沐浴在爱情的海洋上,不再担心冷漠和孤独,体验一种无所畏惧的完美的爱。

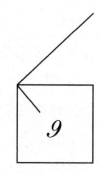

重拾男性的圆融性

消除男人心中的危机需要我们所有人都愿意面对这样一个事实：父权制的文化要求男人分裂灵魂。我们知道，有些男人没有屈服于这种要求，但大多数男人已经放弃了健全的能力。对圆融性的追求是能够疗愈阳刚之气危机的壮举，使男人的心灵愿意付出和接受爱。

学会戴上面具（这个词已嵌入"阳刚之气"的内涵）是男孩在父权制阳刚之气方面学到的第一课。他知道，如果他的核心情感不符合性别主义定义的男性可接受的行为，就很难得到认可。为了实现父权制的理想而被要求放弃真正的自我，男孩很早就学会了自欺欺人，并因这些损毁灵魂的行为得到奖赏。疗愈师约翰·布拉德肖解释说,当一个孩子知道他本能的感觉不可接受时,就会产生隔阂与分歧。为了回应这一教义,即他的真实自我是不适当和错误的,男孩学会了戴上假面具。布拉德肖解释说:"我做错了什么,我真的不知道是什么,我的存在本身就有很大的问题,这种感觉导致了一种彻底的无力感。这种无力感是神秘化状态的最深伤口。它意味着我没有可能成为我自己;只要我还是我自己,我就没有办法发挥作用或值得被爱。我必须找到一种方法,成为另一个人——一个可爱的人。一个不是我的人。"男性至上的角色限制了男童和女童的身份形成,但这个过程对男孩的伤害更大,因为不仅对他们的角色要求更加严格和狭隘,而且当他们偏离这些角色时,更有可能受到严厉的惩罚。

当代女权运动营造了一个社会认可的空间,在这里女孩可以创造一种有别于男性至上定义的自我意识;同样的自由却没有扩展到男孩身上。因此,难怪在父权制的文化中,男孩继续保持打造虚假自我的传统,继续处于分裂状态。男孩和男人的这种分裂往往表现为区别对待事物的能力。正是男性心理和灵魂中的这种分裂,从根本上说是一种伤害，是精神疾病的温床。当男性被要求戴上虚假自我的面具时，他们荒唐和自由生活的能力被严重削弱了。他们无法体验快乐，也永远无法真正地去爱。

拥有虚假自我的人必定不诚实。善于自欺欺人的人没有爱的能力，因为他们不具备讲真话的能力，因此不值得信任。这就是父权制对男性造成的心理伤害的核心所在，也是这种文化持续否认的一种虐待形式。适应社会、接受父权制思想的男孩正在受到虐待。作为按照父权制理想方式通过社会化洗脑的受害者，男孩们知道他们是不具备爱的能力的。布拉德肖认为，他们知道了"关系基于权力、控制、神秘、恐惧、羞耻、孤立和距离"。这些都是父权制的成年男子极为欣赏的特质。

在父权制的文化中，从情感上伤害男孩是社会可以接受的，甚至是社会需要的。剥夺他们成为健全的人的权利，剥夺其人格的圆融性，不仅受到鼓励，而且被视为做事的正确方式。特伦斯·雷亚尔说，"我们强迫子女脱离他们人生起点的健全性和连通性"，然后怂恿他们"埋葬他们最深的自我，不再发言或关注真相，以不信任甚至不屑的态度对待我们所有人天性中最渴望的亲密状态"。雷亚尔揭露了父权制心理影响的残酷现实，大胆说出这个事实："我们生活在一个反亲情关系、蔑视脆弱性的文化中，这种文化不仅没有培养亲情关系的技能，而且还主动地回避它们。"教导男孩轻视他们的弱点是使他们参与自残性的扼杀灵魂的一种社会化方式。男性的这种精神创伤，是由学习到的分裂行为、脱离关系和割舍亲情造成的，只有通过圆融性的实践才能疗愈。受伤的男性必须恢复他们在为父权制男性的需要而服务时放弃的所有自我部分。这种恢复是找回男性存在圆融性的必要基础。

20 世纪颇有影响力的哲学家拉比·哈罗德·库什纳在他出版的《活出精彩人生》一书中谈到圆融性的意义时，提出了这个亲切的定义："圆融性意味着圆满、不间断和不分离。它描述的是一个人把自己人格的不同部分联系起来，使灵魂不再破碎。"

父权制鼓励男人放弃他们的圆融性，过着否定的生活。通过学习分离、伪装和割舍亲情的艺术，男人们能够在破碎的情况下，自觉地圆融行事。他们习得的心理否认状态很严重。美国著名作家、医学博士、心理治疗大师斯科特·派克在《少有人走的路》一书中对圆融性的定义进行了补充，他讨论了"圆融"一词的根本含义，即动词"协调统一"，强调其反义词是分裂。"没有圆融性的人自然会分裂，而父权制阳刚之气使男性的分裂现象变得正常。"

派克认为，分裂是一种避免感受痛苦的方式："我们都很熟悉这样的人，他周日早上去教堂，感受神圣的爱；但在周一早上，他对公司在当地河流中倾倒有毒废物的做法却没有任何异议。他能这样做，是因为他把宗教放在一个区块里，把生意放在另一个区块里。"由于大多数人已经适应社会，认为区别对待是一种积极的做法，这种做法给人的感觉似乎是正确的，令人舒服的。那么，践行圆融性是困难的，很痛苦。派克提出了关键的一点："圆融性是痛苦的。但没有它，就不可能有健全性。"为了成为一个健全的人，人们必须践行圆融性。

圆融性是形成健康自尊的前提。大多数男性的自尊心很脆弱，因为他们为了扮演男性至上的角色而不断地撒谎和伪装。纳撒尼尔·布兰登在其关于自尊的开创性著作《自尊的六大支柱》中，将圆融性的实践确定为自尊的核心支柱，他谈到了谎言伤害自尊的方式。他坦言，像许多人一样，他曾说服自己，认为说谎有助于保护他人，但最终他不得不面对"谎言经不起推敲"的真相。为了尊重他的自尊，为了践行健全性，他懂得了必须说出真相，"我的拖延和耽搁只会使每个人堕入更加可怕的深渊"。此外，他写道："我没有成功地保护任何人，尤其是我自己。如果我的部分动机是为了保护我所关心的人，那么我造成的痛苦比他们本来会经历的还要深重。如果我的目的部分是通过避免我的价值观和忠诚度的冲突来保护我的自尊心，那么我损害的就是我的自尊。"他所阐述的这种错误逻辑与许多父权制的男人所遵循的逻辑是一样的，这些男人遵循这种逻辑避免说实话，反对践行健全性。

有人常常引导我们，认为男人通过撒谎和分裂的方式获得更多的权力。事实根本不是这样。维系和保护一个虚假自我的压力损害了男性的情感健康，它侵蚀了自尊心。大部分男性患上的抑郁症都与他们无法成为健全的人直接相关。尽管他们已经适应社会，创造和维持虚假的自我，但大多数男人都记得曾经存在的真实自我。而正是这种失去的记忆——加之对世界的愤怒，催生了自我屈服——导致抑郁症。这种痛苦是连续的，其来源在成年男性中往往不被识别。它导致许多男人陷入各种成瘾之中，包括对工作过度投入和药物滥用。工作是男性最普遍的嗜好，因为人们通常崇尚天道酬勤，并且不认为这样对他们的情感健康有害。

工作时常是男人摆脱情感束缚的空间。祖卡夫和弗朗西斯将沉迷工作描述为逃避情感的工具："它是一剂药物，与最强大的麻醉剂一样有效……它是一种深度睡眠，是一种自我诱导的精神恍惚，暂时将痛苦情绪逐出意识。"当发现一种嗜好可使痛苦不再难以承受的时候，许多男人不自觉地堕入抑郁。就男性的许多痛苦来说，只是在最近几年，男性才公开直面抑郁症，这也是社会所承认的。男人经常因为自己的期望得不到满足或因完美主义（永远无法满足，因为做人就是不完美的）而患上抑郁症。经常听到有人说，女权运动剥夺或削弱了"男性权威"，因此，男性感到被抛弃。这种观点的依据是，女性应该为男性的抑郁负责，因为大量的女性进入劳动力市场，致使男性受到威胁，这种说法是站不住脚的，因为女性的工资比男性低，而且在长时间工作后回家还要继续操持家务。由于女性在家庭之外不再受个别父权制户主的统治，这种主动的外出行为可能比女性工作本身更能威胁到父权制。

女权运动的一个方面确实对男性产生了深远的影响，那就是它坚持认为女性有权对男性进行集体和个别的批评。在我成长的父权制家庭中，父权的一大要点就是他是无可指摘的。尽管妈妈从未信奉女权，但在 40 年的顺从之后，她也开始批评爸爸，其方式与女性主义者对男性权威和特权的挑战完全一致。像许多妇女一样，她对丈夫几乎不付出情感提出怀疑；像许多妇女一样，她一直希望他关注一下个人成长。多年来，在父权制的文化熏陶下，男人们的个性、阳刚之气，是通过对个人成长的忽视来定义的；在女权运动之后，女性的新的情感预期突然之间给男人带来了冲击。男人们的反应则是可能患上了抑郁症。

美国著名作家、医学博士、心理治疗大师、备受追捧的心理疗愈师斯科特·派克提醒我们，我们任何一个人无论何时采取有效步骤的成长，都会经历一个否认、愤怒、交涉、抑郁和接纳的过程（这与伊丽莎白·库伯勒·罗斯确定的我们面对死亡时所经历的阶段相同）。他举了一个例子，他被亲人批评有性格缺陷，但他对这种批评不以为然：

如果他们真的足够爱我而几次三番地批评我，那么也许我会动脑思考："他们是对的吗？优秀的斯科特·派克会有问题吗？"如果我的回答是肯定的，那么这就非常令人沮丧了。但是，如果我能带着这种令人沮丧的想法坚持到底（也许我真的有问题），并开始思考这种问题可能是什么，我思考、分析、分裂、识别，那么我就可能会消灭这种想法，将自己从这种想法中完全解脱出来。在经历了抑郁的过程后，我将浴火重生，作为崭新的、更好的人以另一种面貌出现在世人的面前。

然而，男人常常发现自己被愤怒的情绪所困。

因此难怪许多寻求圆融性的男人必须首先说出他们愤怒的原因和它所掩盖的痛苦。社会活动家和作家约瑟夫·比姆在得知自己大限将至的关头，在《兄弟之间：真心的表白》一书中坦言：

我必须说出我认为最重要的东西，用语言表达和分享，即使冒着被打击或被误解的风险。我懂得愤怒，我身体里蕴含的愤怒，犹如滔滔江水，漫无边际。它是我建造堡垒的材料：雨中哭泣的血红色砖块……是我向世界展示的面容和姿态。它是我获得观众的方式，有时是唯一的方式，有时是我表达爱意的方式。我愤怒，因为我的社群对我的蔑视和鄙夷激起了我的万丈怒火，我不能以我的本来身份回归。

愤怒往往掩盖了抑郁和深重的悲痛。

抑郁往往掩盖了无力悲伤的事实，世界没有为男性提供情感空间来悲伤。女性无论老少都可以痛哭，可以在生活中表达悲伤，可以将它发泄出来。男性自古以来接受的教育是男儿有泪不轻弹，保持刚强的外表，更糟糕的是，要否认他们想流泪的感觉。加拿大英属哥伦比亚大学心理学家唐纳德·达顿在他的"爱与愤怒"一文中说，男性拒绝承认失落是男性愤怒的一个关键组成部分：

男性悲痛的方式很少……尤其是男性，似乎无法表达个人的悲痛和哀伤，也许这就是蓝调艺术在男性中如此受欢迎的原因，它们成为社会认可的男人的这种失落感和无力感的表达方式。

蓝调画家罗伯特·约翰逊唱道："我饱受摧残，我不在乎死亡。"众多的男人都能感受到他们未被满足的渴望，并纷纷表示赞同。

许多青春期女孩在从孩童成长为成熟的女孩的过程中经历了一个悲伤的过程。人们允许女孩对此变化表示忧伤。而男性，从男孩到男人，没有悲伤的先例可循。

公众集会在黑人男子的生活中一向比较重要，一个重要的原因是，他们可以在其中表达情感，尤其是伤感情绪的地方。詹姆斯·鲍德温在《下一次将是烈火》中描述了在教会中的这种情感释放："从那时起，我所经历的一切都无法与我有时感受到的力量和荣耀相提并论。当我在布道时，我知道我在某种程度上，实现了某种奇迹的传递，即人们所说的'言语'——教会和我是一体的。人们的痛苦和欢乐与我相同，我的感受也与他们相同——他们把欢乐传递给我，我把自己的欢乐传递给他们。童年的我在教堂里，第一次看到男人的哀伤。"

为了在心理和精神上成长，男人需要悲伤。那些正在进行自我疗愈的男人证明，只有当他们能够感受到痛苦时，才能开始疗愈。尼尔·朗格伦以其果敢和洞察力，在他关于少年时代的自传体文章"睡醒的那一夜"中谈到了这种内心挣扎，承认他渴望找到父亲的模式，重新与男人的身份建立连接。"就在我认为已竭尽全力寻找当父亲的方法时，我开始接触疗愈。在经历了几次长期、无法解释的抑郁之后，我做了一个决定，最终不再回避伤害和愤怒。在掌握疗愈学知识的不同性别疗愈师的帮助和支持下，我开始探索受创后内心的恐惧，开始为过去的失落和依恋感到悲伤。"当一个男人忧伤的情感能力被阻断时，他很可能会随着时间的流逝而变得麻木不仁，无法完成成长的历程。男人如果要改变和彻底转变，就需要哀悼旧的自我，并为塑造新的自我营造空间，使之重新焕发生命活力。

如果一个男人不愿打破父权制的桎梏，声称永远不应改变，特别是为了满足别人，尤其是女性的需求，那么他将选择其自以为是的行为，最终不会收获爱。他将远离所爱的人，选择他的阳刚之气而不是他的人格，选择分离而不是联结。美国著名疗愈师乔治·埃德蒙·史密斯记得他很早就了解到，如果男人被认为失控或犯了错误，他们会用愤怒和否决来回应：

　　我还记得小时候，当问到父亲一个他也不明白的问题时，他恼羞成怒，似乎在说："看，我不知道你问题的答案，正因为如此，我应该踢你的屁股！"当然，我几乎立即意识到了这一点，不再向父亲追问答案。也许他应当耐心地对我说："孩子，我不知道这个问题的答案，我们一起探索就知道了。"

　　只有一位身心健全的父亲才能有圆融性的态度，向儿子承认自己的无知而不觉得尴尬。

　　健全的男人可以毫无羞耻地说出他们的恐惧，需要戴着无所畏惧的假面具。父亲们一直无法与儿子分享他们的恐惧，担心达不到儿子的期望。他们担心儿子会看出他们的嫉妒和羡慕，因为这个男孩还没有切断与感觉的联系，没有在情感上孤立。尼尔·朗格伦在撰写他的童年回忆录时回忆说："我敬畏父亲，而且我经常感觉到他害怕我。也许他被我的内心吓到了，我的内心就像他小时候一样：博大、充盈、开朗、坚强，而不失温柔。"

由于无法确认自身的感受，父亲常常用愤怒来掩盖它们，残忍地切断自己对儿子的依恋，拒绝儿子的爱和钦佩。父权制的竞争表现模式教导做父亲的男人，儿子当前或将来要成为他的对手，他不得不害怕儿子抢走他的荣耀。我们的神话和宗教故事中不乏这样的故事：儿子被描绘成父亲的敌人，随时准备攫取他的权力。功能失常的亲子模式向男人暗示，分离只能通过以暴制暴，或者你死我活来实现。只有选择健康模式的男人（温柔的父亲形象，圆融的成年男子，庇护、保护和培养儿子的向导）才能体面地回应自己儿子的自主权的主张。

如果父亲形象是健康的，他们知道何时放手；他们可以肯定男孩成长的每一步。正如托马斯·摩尔在关于男孩的文章"找到的小男孩"中所宣称的那样，"如果父亲们愿意跟我们沟通，我们就能保持金子一般的精神……父与子彼此需要，相互支撑。我们需要让父亲缓慢地成长起来。他们需要认真对待我们的童稚之心，长时间地陪伴我们，这样我们才能在洒满阳光的地方做一位合格的父亲"。有爱心的父亲理应保护儿子的开朗、温柔的内心，保护他们免受父权制的铁石心肠的攻击。

当男人践行圆融性时，他们实现健全性的工作的一部分是学习随机应变，学习如何沟通，接受思想和行为的变化。自我批评、自我完善和听取他人批评的能力是使我们有能力承担责任的必要条件。

为了能够对家人和朋友做出回应，男人必须有承担责任的胆略。这也是健康自尊的另一个组成部分。纳撒尼尔·布兰登把我们承担责任的能力等同于我们体验快乐的能力，即个人能力。这种个人作用的感觉让我们打破了强加的性别角色。这就是真正的自由和独立：

我有责任接受或选择我所遵循的价值观。如果我按照自己的价值观生存，被动、不假思索地接受或采纳，就很容易想象它们只是"我的天性"，只是"我是谁"，并避免认识到这涉及选择。如果我愿意承认，在采纳价值观时，选择和决定是至关重要的，那么我就可以重新审视我的价值观，质疑它们，并在必要时修改它们。同样，正是一种责任感使我获得自由。

父权制模式告诉男人,他们在任何时候都必须做到自控,要知道何时控制、何时让步和放手,这与培养责任心的能力是相悖的。

负责任的男人有能力进行自我批评。如果有更多的男人能够做到时常自我批评,那么他们就不会在被别人批评时感到受伤、刺痛或懊恼,特别是与他们有亲密关系的女人。参与自我批判使负责任的男性有能力承认错误。当辜负了别人的时候,他们愿意承认错误并做出补偿。当别人得罪了他们的时候,他们也能宽恕别人。宽恕的能力是放下完美主义和接受缺陷的一部分。

同时,建设性的批评只有在与肯定过程联系在一起时才能发挥作用。给予肯定是一种情感关怀的行为。受伤的男人往往满口的否定和不满,他们脾气暴躁;披着愤世嫉俗的外衣,与自我和他人保持着情感距离。肯定让我们更紧密地联系在一起。它是对他人的同情心和同理心的最高领悟。反男性的女性主义者批评阳刚之气的一个消极方面是没有对男性的优点或潜在的优点进行肯定。当包括我在内的个人写到肯定男性的必要性,并将他们认定为同一战壕的战友时,我们常常被贴上认同男性的标签。攻击我们的妇女不明白,在批判父权制的同时,可以放下对男人的怨恨。事实上，承认男性受到父权制伤害的方式（即使他们得到了回报）是将男性纳入女权运动的一种方式，欢迎他们的存在并尊重他们的奉献。

在人们成长的道路上时不时需要批判性的分析，但只有批判性的分析还远远不够。肯定性赞同会将我们紧密地凝聚在一起。当男人学会肯定自己和他人，给予这种心灵关怀，那么他们就走上了通向健全性的道路。如果男人能够在一些小事上尽显悲天悯人的情怀，他们就能与他人共处，而不需要尊贵的支配地位，不再分离，不再间隔。他们带来了一种健全性，这种健全性可以与他人的健全性完美结合。这就是合二为一，融为一体。作为健全的人，他们可以体验快乐。与幸福不同的是，快乐是一种持久的状态，即使一切都不尽如人意，这种状态也能维持。

心理学家及演讲家亨利·努文在"欢庆生命"一文中宣称，"哪里有快乐，哪里就有生命"。努文辞去了他在常春藤盟校的教授职位，在一个社区为智障人士工作。作为精神导师和身体力行的一线护理人员，他发现自己的圆融性得到了肯定，其途径是通过服务他人的行为。疗愈师乔治·埃德蒙·史密斯在《行走的骄傲：黑人男子挣脱墨守成规的生活》一书中证实，当他开始"做非常简单的利他事情"时，他的心灵飞速成长。他告诉读者，如果男人"在每个清醒的时刻都能弃恶从善，他们的生活就会发生天翻地覆的变化"。

圆融的人不以服务他人为耻。他们是热情的付出者、守护者、赞同者。他们懂得快乐。我曾在我的成长回忆录《骨炭》中赞美过祖父，这个在我童年时一贯无条件地爱我的人："他的味道充满了我的鼻孔，使我整个人都沐浴在幸福的气息里。有了他，我心中所有破碎的碎片又重新聚合在一起了。"这就是重聚的真正意义，当怀有创伤可以被疗愈的认知时，我们可以再次成为健全的人。这是男人敢于挑战和改变父权制时的最终成就感。

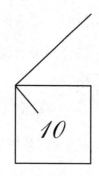

10

有爱心的男性

在我成长的过程中，我知道父亲是一位强者，他不与人沟通，不吐露感情，也不陪伴和关注我们。他是养家人、保护者，是家人的忠诚卫士。他在家里是陌生人。我们不可以了解他，听他讲童年故事，沉醉在他的回忆中。他的生活被罩上神秘的色彩。我们一直在找寻他，站在他当年参军、当拳击手，他引以为荣的桌球厅、篮球场上的照片面前，站在他在第二次世界大战期间服役的全黑人步兵部队的照片前，我们童年时最喜欢的游戏就是在照片中寻找爸爸，我们的父亲，那个年代典型的家长——为战争而生。

要谈男人和爱情,就必须提及战争。有人不厌其烦地告诉我们,文明无法在男人的爱中延续,因为一旦男人爱了,他们就不能响应号召,奔赴战场。然而,如果男人天生带有杀气,在生物学和命运的安排下,硬要夺人性命,那么也无需以父权制教义来把他们变成杀手。尚武精神伤害了男孩和男人;它一直是击穿他们人性的利箭。尚武精神把男人引向了精神匮乏,以至于威胁到地球上的所有生命。

教育学家、心理学家谢泼德·布利斯在"我的战争故事"一文中写到他的童年和军人时期,公开承认他是"一个遭受创伤的孩子,一种特殊的创伤——军事创伤,战争创伤"。布利斯在军队中长大,先是当兵,然后成长为和平的倡导者,他表明了反对战争和尚武精神的立场:

战士的道德观已伤害了我们。进入 21 世纪，我们需要超越战争和战士的观念。我不赞同那些高度评价战士的男性作家和活动家的观点。我欣赏男性的某些特质，如英勇善战、团队精神、忠心耿耿，但在这个历史时刻，这个标准本身已失去了影响力。我们当然需要守护者、战士、牧民和公民。如果我们要在这个受到战争和战事威胁的星球上生存下去，就必须超越战士这个陈旧的形象，而重点突出缔造和平、合作以及关爱地球和生灵的农夫等形象。

尽管实践证明，战争作为维护生命和营造安全策略的作用日趋淡化，但美国的领导人还是强迫我们奔赴战场，给垂死的父权制注入活力。

最早的时候，女人和男人一样拿起武器冲向战场。芭芭拉·艾瑞奇在《血祭》中详细介绍了战争史，她提醒我们：

"将凯旋而归的掠夺者地位只赋予男性,人类已经逐渐'忘记'了那段噩梦般的史前史,在那段史前史中,无论男女都是其他更大型、更强壮的动物的猎物……换句话说,性别是一种思路,它悄然抹去了我们作为猎物的共同历史,并指出掠夺者的地位是与生俱来的,是'天然的'——至少对男人来说是如此。"艾瑞奇强调这样一个事实,即战争不仅是男性的一项活动,也是"一项经常用来定义阳刚之气的活动",他认为"鏖战疆场和攻击性阳刚之气"是相辅相成的。战争的性别特质使男人成为掠夺者,女人成为猎物。每当我们谈到男人与爱、女人和男人之间的爱时,都必须提到结束战争的必要和可能引发战争的思维。

在美国的历史上,当个别男性意识到他们需要抵制父权制的阳刚之气时,"要爱情不要战争"的口号就很流行。因反战活动而被监禁的丹尼尔·贝里根谈论团结一致的必要性,让每个人都学会如何形成群体,这并非偶然。他在《渡筏非彼岸》一书中谈论了抵抗群体的必要性。

我认为抵抗的意识远远超出对战争的抵抗，它是对各种类似战争的事物的抵抗。因为生活在现代社会的人会感到他不能轻易地保持圆融性与健全性。（在战争中）一个人被永久地剥夺了人性，被剥夺了做自己的能力……因此，也许抵抗首先意味着对有计划有组织地入侵、占领、攻击和破坏的抵制。在这里，抵抗的目的是寻求自我的疗愈，以便能够洞察世事……抵抗的群体应该是人们能够更容易回归本心的地方，那里的环境使他们能够自我疗愈并寻回其健全性。

贝里根呼吁将人际关系，尤其是忠诚的伙伴关系视为重要的抵抗群体。

在统治者文化中，大多数家庭都绝非安全之地。功能失常、亲密恐怖和暴力使它们成为"战争"频发的是非之地。

由于我们还没有终结父权制，终结统治的斗争必须从我们日常生活之处开始，从我们称之为家的地方开始。正是在那里，我们体验到进行变革的力量，着手使生活发生根本性变化的行动。我们已经知道，男人不一定要继续受制于父权制。个别男人已不厌其烦地提出了各种要求，要求取得生命和爱的权利。他们是希望的灯塔，揭示了男人可以懂得爱的真理。

如果我们要打造一种所有男性都能学会爱的文化，就必须首先将形形色色的家庭重新设想成一个抵抗的场所。我们要以其他方式看待少年阶段，不将此阶段看成向男孩灌输暴力和死亡的阳刚之气的时期，而是将其视为男孩学会在与他人的联结中，在作为人类基本渴望的亲密关系的喜悦和欢乐中获得荣耀。我们应该听从托马斯·摩尔的智慧引导，他呼吁对男孩的非父权教育：

　　身为男孩是多么的神秘，距离生死如此之近，他们没有受过教育，因此非常懵懂与无知。我们应该终止对男孩的轻蔑，结束对我们自己的幼稚，对成长的迟缓，对美的纯粹喜悦，对太阳的热爱，对我们的偏差，以及对我们的彷徨和惨重的失败……这一切的一切的轻视。可以在我们发现这个男孩的地方——在我们的朋友和学生之中，我们的工作场所，以及在我们自己的心里，为他鼓掌加油。如果不以这种方式与他沟通，他就会迷失，而我们也会和他一起失去所有的温柔和优雅。

　　为了打造男孩掌握爱的能力的文化，我们必须将家庭视为付出爱（提供食物和住所也是爱的行为）的主要场所。

　　在家庭生活中学习如何去爱，男孩（和女孩）就能学到在家里和社会中建立人际关系所需的技能。诗人温德尔·

贝瑞谈到,这样的运动是对所有生命的内在神圣性的尊重
的回归:

　　如果在童年时有幸被宠爱我们的成年人所包
围,那么我们的健全性就不仅是我们自己的,也是
对他人和我们的关系的归属感;它是一种无意识
的群体意识,是人们共同拥有的群体意识。也许,
只要我们活着,这种单一的圆融性和群体归属感
的双重感觉就是我们个人的健康标准……我们似
乎本能地意识到,健康是不可或缺的。

　　如果我们的家庭机体功能完全正常,而不是由统治者
模式和相伴而来的父权思想所塑造的那样,贝瑞所描述的
健康模式就会成为规范。

　　在这样一个世界里,男孩可能会想到不以造成痛苦为
目的的游戏。但实际上,这将是庆祝生命和健全性的游戏
形式。男孩间以及男女儿童之间表现出的个体差异,将不

需要被解释为支配的原因，不需要一个人统治另一个人，而会成为探索的契机，成为分享知识和发明新的存在方式的机会。有爱心的父母已经看到，如果不把严格的性别角色强加给男孩，他们就会根据自己的激情、渴望和天赋来确定自我认同。如果不终结父权制，我们就不能正确地尊重男孩，保护他们的情感生活。伪装就是与正在进行的灵魂扼杀相串通，这种扼杀是以把男孩变成男人的名义实施的。

毫无疑问，总有一些男孩会选择粗暴放纵的活动，这些活动需要体力，需要冒险，但也有些男孩会寻求更安静的快乐，他们会远离风险。还有一些男孩的个性将介于这两种模式之间。如果男孩被培养成会共情和坚强的人，自主地与他人相交；对自己、家人和朋友以及社会负责，能够使群体意识植根于对相互存在的认识，那么就相当于打下了结实的心灵根基，他们能够付出爱。

为了奠定这个坚实的根基，男人必须以身作则，大胆疗愈，敢于做修复亲情关系的事情。处于自我疗愈过程中的男性通常会从回顾孩童时代开始，评估他们对阳刚之气的了解程度以及了解过程。许多男性发现，指出他们意识到自己是谁、自己的感受是有用的，然而他们会压制这种认识,因为它给别人带来不快。了解男性问题的根源有助于许多男性疗愈的过程。

当男人决定提升情感意识时,他们便踏上了爱的旅程。祖卡夫和弗朗西斯将此看作是一个过程:"情感意识不仅仅是将技术应用到某个环境中,也是一种天然的取向表达,它将你们的注意力转向你们所能达到的最崇高、最充实、最快乐和最有力的部分,那就是你的灵魂。"女性希望男性更多地在意情感。对于那些希望与男人培养情侣关系的女人来说,尤其如此。然而,正如男性存在危机一样,女性在涉及男性的问题上正经历着信仰危机。这种危机呈现的形式是对男人做出建设性改变、达到情感成熟和个人成长的能力感到绝望。

当妇女聚在一起谈论男人时,仇视男人的最恶意的言论总是由那些与男人相伴并且打算和他们共度余生的女人提出的。在 40 多年的婚姻生活之后,我母亲对父亲很不满。这位绝对服从的妻子,现在当他们都超过 70 岁的时候,对他在感情上没有更多的付出感到不满。由于她不是一个女性主义者,她没有办法使这个旧时代的信奉父权制的家长突然对她温柔相待,这是一件矛盾的事情。她的愤怒令他感到愕然,激起他的怒火。妈妈的愤怒掩盖了她的恐惧，她随时可能离开人世，而生前没有感受到她倾其一生取悦的男人的爱意。就像那些觉得父权制的理想没有实现的男人一样，妈妈觉得他的诺言遭到背弃，没有得到履行。妈妈虽然履行了传统教育中的好女人应当担当的角色，但是却没有得到相应的回报。

　　非女性主义者、赞同父权制的妇女，没有遇到男性至上问题的妇女，与她们的女性主义者、反男性至上的同伴一样，希望男人能更有爱心。希尔·海特在她的大规模研究著作《妇女与爱情：进行中的文化变革》中记录了这种渴望。她在"在这个历史阶段懂爱的男人"一章中首先指出，"令人不安的奇怪现象是，这项研究中的大多数妇女（无论单身、已婚还是离婚，不管年龄大小）都说她们还没有得到一直在寻找的爱情"。女性在与男性的关系中寻找的爱是基于伙伴关系中的相互依存，而相互依存不等于地位平等。

　　女性曾经相信，如果我们表明与男人地位平等，他们会给予我们更多的尊重。在这个世界上，性别不平等对大多数人来说是一种可以接受的规矩，男人压制了对女人的尊重。（在英语中）"尊重"一词的词根是"注意"的意思。女性希望得到生活中的男性的认可、关注和关心。无论在所有领域是否存在性别平等，我们都渴望得到尊重。当一个女人和男人承诺给予对方爱，相互支持，相互关怀、承诺、了解、尊重、负责与信任，即使存在不平等的情况，也没有人利用这种差异来实施支配。爱不能与支配共存。爱可以存在于尚未实现平等的情况下。不平等本身并不滋生统治，它可以提高人们对爱的需求的认识。

许多妇女对男人感到绝望，因为她们认为，男人最终更关心的是成为支配者，而不是成为付出爱的伙伴。她们相信这一点，因为许多男人拒绝做出改变，因而使相亲相爱成为遥不可及的梦。女性还没有证明她们足够关心男人的想法，关心他们的情感健康，代表那些她们想了解爱情的男人挑战父权制。我们阅读的自助读物一直在告诉我们，我们无法改变任何人，这条真理非常奏效。然而，同样真实的是，当我们给予爱，真正的爱（不是投我以木瓜，报之以琼琚的情感交流，而是真实意义上的关怀、承诺、了解、尊重、负责与信任）可以作为改变的诱人催化剂。如果一个女人赞同父权制，声称爱身边的男人，或者因为他们不爱自己而感到沮丧，那么她就是在否定自己。

希望得到男人之爱的女人知道，如果没有一场思想觉悟的革命，终止父权制的思维和行动，这种爱就不可能真正发生。因为男性至上的角色总是给女性提供情感发展的支持，所以女性更容易找到爱他人的方式。我们的爱并不多于男人，感情的质量并不优于男人，但我们确实更容易接触到感情，因为即使是父权制社会也支持我们的这种特质。男人永远不会从父权文化中获得可以滋养情感的精神养料。但是，如果作为开明的见证人，我们向所爱的男人（父亲、兄弟、爱人、朋友）做出他们可以改变的肯定，以及在他们改变时我们会接受他们的保证，转变就不会显得那么遥不可及。

随着个别男人越来越强烈地意识到他们生活中的无爱状态，他们也认识到自己对爱的渴望。这种认识并不意味着男人知道该怎么做。重要的是，当男人爱的时候，它改变了他们行为的实质，包括他们的思考和实际行动。许多男人害怕学习去爱，因为他们无法想象超越父权模式的行为。

通常情况下，男人将抑郁与悲伤的情绪假借荒谬的性幻想（尤其是消费父权制色情制品）作为出口来宣泄。这种色情制品是男人可以假装父权制权力的承诺总是可以兑现的地方。迈克尔·金梅尔在他的文章"幻想的燃料"中探讨了男性欲望的这个方面："色情的乌托邦是一个五花八门、自暴自弃和特立独行的世界——简而言之，与我们居住的世界完全不同……大多数男人觉得自己的生活不是特别好,他们过着'平静而绝望的生活'……色情幻想是对男人生活的真实世界的一种报复。要改变这些幻想,需要我们改变现状。"改造男人生活的现实世界需要我们集体的力量,重新构想男性的身体和存在,使其成为一个美丽、快乐、充满愿景和人类可能性的场所。学者、作家、心理学专家詹姆斯·希尔曼在《性的灵魂》中宣称:

在身体与精神的调节中,首先要取得的成就之一是重新发现身体欲望的美德和价值,那是深层次、充溢灵魂的爱情行为的先决条件……为寻求欲望的灵魂,我们必须把它从我们通过现代哲学创造的唯物论主体和机械论主体中分离出来,并把它与复杂的、充满幻想的、神话般的想象主体重新结合。

男人想要翱翔于天性和本能的天空。然而,他们非但没实现这一愿望,还受到了伤害。他们必须经历一个对自

我天性和本能的疗愈过程，然后才能与导致纵欲的情感模式彻底决裂，同时拒绝获得情爱满足的机会。

心理学博士、咨询和辅导培训的首席教师史蒂夫·贝尔曼在他的文章"为什么男人对欲望如此痴迷"中把男性的冲动解释为被破坏的本能：

我们直接或间接地把性征作为一种载体，通过这个载体，我们仍然有可能表达和体验人性的基本方面，这些方面已逐步、系统地从我们身上消失了。性征过去和现在都呈现为通往真正的、彻底的亲密之路，是一个可以公开爱的舞台，可以温柔、脆弱，但仍保持安全，不会使人感到如此刻骨的孤独。性征是一个似乎可容许尽情领略感官享受的地方，在那里我们可以温柔地对待自己的身体，肆意表达自己的激情。快乐和欲望、活力和兴奋似乎被抛在九霄云外，我们再次插上幻想的翅膀，遨游于想象的王国。

这是父权制下对性的承诺,有力地唤起了人们的共鸣,但这是一个最终永远无法兑现的承诺。接受这种思想的男人和男孩注定处于望眼欲穿、求而不得的状态。

贝尔曼证实,在父权制的制约下,男性耳濡目染的是贪恋欲望的满足,"他们所接受的教育是,必须压抑欲望,麻木天性,忽视身体的本能需求,脱离了自然赋予人类的亲密关系","所有这些人类的需求都是通过性和欲望向我们承诺的……但性绝不能全部满足这些需求。要满足这种需求,就必须摆脱男性的性别束缚,让我们生活的每一个领域都充满亲和力和活力"。贝尔曼认为,当人们重拾自己的情感生活时,他们会抵制压抑,选择激情。他认为,激情是人们在解放自己完整人性的努力中可以选择的"最伟大的盟友"。拉丁语 *patior* 的词根的意思是"受苦"。为了追求激情,人们必须接受痛苦,感受痛苦,超越痛苦,走向自己心驰神往的快乐世界,这是我们所处时代人类的英雄之旅。这不是一段通往征服和统治的旅程,也不是一段通往解脱和切断生活的旅程;这是一次重新找回自我的旅程,在那里,发现自我的零星碎片,将其重新拼凑到一起,凑成一个健全的人。

当男人努力追求健全时，情欲作为众多快乐中的一种，占据了应有的地位。与令人上瘾的父权情爱不同，根植于肯定生活的情爱精神的激情加深了情感联系。祖卡夫和弗朗西斯认为：

柔情似水的亲密表达关心和感念，这是相互给予，而不是相互索取。这是个体相互呵护而不是相互剥削的舞台。在情投意合的性亲密中，伴侣是不可以互换的。他们的过往、资质、奋斗和欢乐都是独一无二的。他们彼此了解，彼此关心，能够共情。他们用身体的亲密来加深情感的亲密……他们致力于共同成长。

男性个体找回了他们恢复情爱、本能的方式，将其视为一种生命力，需要与其他男性分享他们的幸福。贝尔曼教导我们：

　　我对自己和所有男人的期望是，我们要夺回被我们的身份所剥夺的人性的每一部分。当重拾需要经营的人类体验的各方面时，我们就可以疗愈对欲望的执着，其中不包括以下几项：我们彼此之间的亲近感，与所有年龄、背景和性别的人的相亲相爱，对我们身体的感官享受，充满激情的自我表达，令人兴奋的欲望，对自己和他人的温柔的爱恋，易受伤性，紧要关头的帮助，舒适的休息，在各种关系中与他人保持亲密。

爱男人的女人也有同样的想法。

我们渴望男孩和男人找到自爱的方式。我们渴望男孩和男人从自爱转向彼此之间的疗愈团结。凡是对生活重拾激情的人，都不会害怕另一个人的激情。

父权制一直试图压制和驯服情欲，正是因为它有力量吸引我们与自己、与我们最亲密的人、与陌生人进行越来越多的交流。

女性主义改变了男女的亲密生活，为人们描画了一种根植于人际之间的关系愿景，一种无支配的伙伴关系愿景。只有当父权制思想不再支配成年男女、男孩女孩的意识时，这个美好的承诺才能实现。为了疗愈父权制造成的创伤，我们必须找寻根源。我们必须直视男性，直视彼此的双眼，说出真相，男性进行价值观革命的时代已经到来。我们不能把我们的注意力从男孩和男人身上移开，然后思考为什么战争问题持续影响着我们的社会和感情生活。

在美国有一场两性之间的战争，一方认为自己是掠食者，另一方认为自己是猎物。对性别支配的抗拒加剧了这场战争。随着女性主义思想和行为的偃旗息鼓，许多女性开始转而求助于父权制。比起历史上的任何时候，现今社会更多地鼓励女性继承父权的衣钵，像男性一样埋藏自己的情感。女性之所以接受这种模式，是因为她们觉得支配的感觉胜于被支配。然而，这是对性别平等的一种反常看法，它为女性提供了进入"死亡之屋"的同等机会。

大多数女性还没有集体接受有远见的思想家（无论男女，尤其是女性主义者）提出的替代理论和实践，以疗愈我们受伤的心灵，拯救我们苦难的星球。与大多数男性不同，大多数女性都被教导过人际关系技能，但很明显，女性往往把这些技能用于为父权制的统治服务，而不是用于追求自由或爱情。承认这一事实后，我们发现，作为一个群体，大多数女性并不比男性更进步。这两个群体中的每个人都在寻求救助，寻求健全，大胆激进，敢于变革，但在大多数情况下，绝大多数人仍然不确定是否要走上一条结束性别之争、让爱成为可能的道路。显而易见，尽管许多男性在探索和遵循自我恢复的方式这一点上不如女性积极，但如果舍弃了男性，我们女性也难以甩开羁绊，阔步向前。他们拥有太多的权力，不能被简单地忽视或淡忘。女性中托付爱于男人的人不想抛开男性独自前行。我们需要他们的陪伴，因为我们爱他们。

我和特伦斯·雷亚尔分享了关系恢复的愿景，请求那些一直在爱的范围以外的男人回归。在父权文化中，男性的爱情之旅永远不会轻松或容易。就像女人克服重重阻力，敞开心扉，找到真爱一样，男人也需要意识觉醒、支持团队、疗愈和教育。封闭自己的内心同时渴望情感的男性，因为缺爱而生病，需要所爱的人积极干预，就像我们在吸毒成瘾时想要做的那样。正如雷亚尔所说，"这是一个艰难的反关系世界。旧的术语已经伴随我们很长时间了。我们可能时而陷入其中，迷失方向。这时，那些了解我们、爱我们之人的帮助就变得至关重要了"。寻求帮助的男性时常感到很难找到支持。我们要求他们改变，却没有营造一种改变的文化来肯定和协助他们。

当我反复努力与一个没有改变的男性伴侣相处时，有人告诉我要放弃他，将他一脚踹开。他们说我是在浪费时间。所有这些负面的反馈让我陷入沉思，我想知道是否有一个地方，受伤的男性可以停留，他们可随意去留，而没有被驱逐的担心，尤其是当积极的变化进展缓慢的时候。被男人伤害过的女人，被男人长期伤害过的女人，自然会明智地谨慎对待她们可以用来帮助男人疗愈的精力。然而，也有许多女人既得到过男人的帮助，同时又遭受过男人的伤害。凯·利·黑根证实说，她生命中出现的好男人让她无法彻底憎恨男人。

对男人和女人来说，好男人在身边可能会让人有些不安，因为他们的行为方式通常与标准的男人不同；他们善于聆听而不是倾诉；他们反思自己的行为和动机，通过寻找女性文化和倾听女性的声音，积极地自我了解有关女性的实际问题……他们避免利用女性来进行错位的情感表达……当犯错时，他们向女性寻求指导，并诚恳地接受批评。他们试着忍受不确定性，同时等待一种新的存在方式，以揭示以前未曾考虑过的控制和虐待行为的替代方案。他们会干预其他男性的厌女行为，即使身边没有女性陪伴的情况下，他们也会努力认识并挑战自己的厌女行为。也许最令人惊讶的是，好男人察觉到女性主义行为带给自身的价值，他们提倡女性主义，不是因为它在政治方面适用，也不是因为他们想让女人喜欢他们，甚至不是因为他们想让女人拥有平等，而是因为他们明白，男性特权不仅阻碍了他们成为健全、真实的人，而且阻碍了他们了解世界的真相……他们所提供的证据证明了男人是可以改变的。

这样的男人是我们的铁杆战友，他们在我生命中的存在支撑了我的希望。

身陷痛苦和危机中的男人正在大声疾呼。如果他们不大声疾呼，我们就不会知道此时的他们有多么痛苦。我们在听他们倾诉时，察觉到他们也想要健全美满，但是他们不知道该怎么做。电影《冲出逆境》根据真实故事改编，讲述了一个男人寻找疗愈之路的故事。费希尔的诗《冲出逆境》表达了受伤的男人无法再隐藏的痛苦。我们要表达对男性的爱，要努力疗愈那些遭受苦痛的男人和我们这些共同见证之人的创伤。我们中的许多人都经历过这样一个事实：认识到我们受伤的方式时常比寻找和保持疗愈的过程更简单。我们生活在这样一种文化中：男人从事破坏性工作时，女人百分之百地站在男人一边，这一点已经被接受，甚至被鼓励。然而，我们还没有创造出一个世界，要求我们在一个人期待疗愈、祈求恢复、努力成为创造者的时候向他提供支持与帮助。

男性亲情关系的恢复，重新建立联系的，或形成亲密关系和建立社群的工作永远不能单独完成。在一个男孩和男人每天都漫无目的的世界里，我们必须树立指向标、路标和新的途径。一种赋予男性改变力量的疗愈文化正在形成。

疗愈不是孤立发生的。付出爱的男人和渴望爱的男人都知道这一点。我们需要打开心门，张开双臂，站在他们的立场，随时准备拥抱他们，在他们努力寻找心灵回归之路，下定决心准备改变的时候，奉献上我们的爱，来庇护他们受伤的心灵。